JN233257

経済と社会

経済学入門講義 ― 長島 誠一 著

桜井書店

目　次

序　経済と社会を学ぶ────7

I　自然と経済と社会と人間の実践活動

第1講　人間とは何か，私たちは何者か────15
第2講　人間は自然を改造し社会や文化をつくってきた────22
第3講　人間と自然との共生────30
第4講　人間の主体的実践としての生産（生産力）────35
第5講　生産する人々の相互関係（生産関係）────41
第6講　社会システム────46
第7講　社会の歩み────52

II　資本主義経済の基礎概念

第8講　労働生産物は商品となる────59
第9講　商品世界が貨幣を生みだす────67
第10講　資本が主人となる────73
第11講　社会システムとしての資本主義────81

III　資本主義の歩みと経済学

第12講　創世期の資本主義と重商主義経済学────91
第13講　確立した資本主義と現代経済学の源流────99
第14講　成熟し腐朽化する資本主義と経済学の展開────107
第15講　国家による組織化を強めた資本主義
　　　　（現代資本主義）────115

Ⅳ 資本主義経済の運動

第16講　価格はどのようにして決まるか————123

第17講　経済はどのようにして発展するか
　　　　（再生産と蓄積）————127

第18講　所得はどのようにして生まれるか————132

Ⅴ 戦後日本社会の歩みと新しい社会

第19講　日本資本主義の復活————139

第20講　高度成長の光と影————146

第21講　高度成長の終焉とスタグフレーション病————153

第22講　バブルの宴（うたげ）と長期停滞————160

第23講　日本病の実態————166

第24講　明るい経済社会を構想しよう————171

　あとがき　179
　索　引　183
　年　表　186

経済と社会

経済学入門講義

序　経済と社会を学ぶ

本書の目標

　まず，この経済学入門講義はどのようなことを目標としているか。端的に表現しますと，「現代の日本を素材として，経済や社会の基礎知識を学び，経済と社会とを結びつけた経済社会を歴史的かつ論理的に考察する能力を養成する」ということになります。みなさんは高校までに，あるいは予備校で社会科のいろいろな授業を聴いてきたと思いますが，そこでの社会科教育と大学での経済学や社会科学の専門的学習との「橋渡し」をしようとするのが，この入門講義の目標です。昔から**読み・書き・ソロバン**が基本だといわれてきましたが，大学教育でもそれらは基本です。専門書だけでなく教養書や新聞を読む力，読みながら自分で考え自分の意見なり解釈を書いたり発表したりする能力，自分が知りたいことに関するさまざまなデータを集めてそれらを集計し計算したり，まとめたりする能力の養成が大切です。そうした能力を身につけていくのをサポートするというのが本講義の目的です。

高校の社会科教育と経済学教育の橋渡し

　高校教育と大学教育は義務教育ではありません。高等教育としては連続したものですが，違いを考えてみましょう。高校までの受験教育というのは与えられた知識や計算能力を短時間で集中的にマスターし，それを与えられた試験時間のなかで最大限に発揮するような力が試されます。平均的には高校までの教育はそうだったと思いますが，なかには**自分自身で体験したり，問題を発見して，その解決方法を考えるような教育**を受けてきた人たちもいるでしょう。大学ではこうした後者の姿勢が重視されます。自分で考え，自分で文献を集め，自分で解決方法を見つけだすことが大切になってくるのです。たとえば，みなさんは高校時代に物理を勉強したと思いますが，そこでは

「真空」状態での物体の動きを計算するような問題が出されたことはありませんか。しかし，完全な「真空」状態というものは存在しないのです。理工学部で研究実験する場合には，かぎりなく「真空に近い状態」を実験装置のなかにつくりだして，そのなかでナノテクノロジーのように微小な物質の性格（物性）が研究されているのです。また「平行線」という定義がありますが，これを「同一平面上で無限に交わらない二つの線」と仮に定義したとすれば，この地球上で考えるとすべての線は北極や南極で交わってしまうことになります。これは定義の成立する場所なり条件をはっきりさせなければならないということを示しています。いかなる時代や社会にも無条件にあてはまる絶対的真理とか知識というのは疑わしいと考えるべきなのです。算数でいえば円周率をどこまで覚えたらよいのかとか，「九九算」をみなさんは覚えさせられた経験があると思いますが，たとえばインドでは10×10から19×19まで暗記させているといわれます。こうした例を紹介したのは，高校までの教育が決して絶対的なものではないということを自覚してもらいたいからです。

　経済学を例にとってみましょう。capital という英語を高校までは「首都」とか「主要な」と訳してきたと思いますが，経済学では最も重要な概念である「**資本**」と訳します。また，「**市場**」を歴史の時間などでは地域的な財の交換場所としての「いちば」と読んできたでしょうが，経済学では「しじょう」と読みます。英語いえば market です。**市場経済**というように使われますが，バザーのような市場からインターネットによる瞬時のしかも1日24時間成立している市場もあります。それはともかく，きょうからは，みなさんも経済学部の学生になったのですから，そのように訳したり読んだりしてください。

　常識的に考えることが必ずしも真理であるとはかぎらないことがたくさんあります。いまの「**市場と企業**」を中心とした経済社会がよいのか悪いのか。市場に任せておいたほうがよいのか，それとも市場は失敗しているのか。いまの小泉内閣が進めている「構造改革」というものは**市場主義**にもとづいたものですが，これは成功するのだろうか。こうしたことを考えるためにも市

場とは何かを知っておかなければなりません。あるいは，収入としての**賃金**とは何だろうか，**利潤**とは何だろうか，**利子**とは何だろうか，という根本的な問題をめぐって経済学者たちはいろいろと説明してきましたが，これが経済学教育のある意味での出発点であるといえるでしょう。本書でもいろいろな考え方をなるべくひろく紹介していこうと思います。

内　容

　つぎに本書の内容を簡単に説明しておきましょう。序を入れて25講に分かれています。

　Ⅰ〈**自然と経済と社会と人間の実践活動**〉では，人間は自然をつくり変え，経済活動をしながら社会や思想を創造してきたことを説明します。まず第1講では，そもそも私たち人間とは何かを考察してみたい。第2講では，個々人は自分だけで存在できるのではなく，自然との交わりのなかで生活し，また人間どうしの交わりとしてある種の社会を形成している。その社会が平等で連帯しあう社会か，それとも支配者が命令するような社会なのか。さらに人間は人間としての独自な精神・文化活動をしていますが，こうした諸側面がどう関連しているのかを考えてみたい。第3講では自然そのものを考察します。最近，グローバルな規模で環境問題が登場し，緑との共生が重要になってきています。第4講では生産とは何かを考察します。人間は生産しなければ生きていけませんが，人間が生産するさいの特徴はどこにあるのか。第5講では生産を人間関係の側面から考察します。

　人間はいろいろな社会をつくってきました。平等的な社会，搾取的な社会，アメリカ的な社会やアラブ的な社会……。アメリカ社会というのはご承知のように，ヨーロッパで誕生した近代社会がそのまま移植された社会であり，原住民のインディアンを追い払ったり殺したりして征服していった社会です。それはそれ以前の伝統をもたない，たかだか400年くらいの歴史でしかありません。いまから5000年くらい前には，すでに4大文明地域が誕生しています。アラブ世界ではメソポタミア文明が栄えていました。そこには**奴隷**も存在しましたがアジア独特の性格をもっていて，貸し借りの関係（**信用関係**）

や**貨幣経済**も発達していました。このようにある時代のある地域の社会はつねに歴史的に変化してきています。第6講から7講にかけてはこうした社会の歩みを説明します。まとめますと第1講から7講までは経済学の基礎的な問題を取り上げることになります。社会科学入門です。

Ⅱ〈**資本主義経済の基礎概念**〉の第8講から11講にかけては，さきほど話した**市場**とは何か，**資本**とは何か，そして現在の日本やアメリカの経済のことを**資本主義経済**といいますが，これにはどのような特徴があるのかを説明することにします。経済学の基本的な言葉（概念）もここで説明することになります。

Ⅲ〈**資本主義の歩みと経済学**〉の第12講から15講にかけては，この**資本主義**の歴史と，それを背景として登場してきた経済学のさまざまな流れを取り上げます。たとえば，**スミス**，**マルクス**，**ケインズ**といった経済学者の名前はだいたい半分くらいの人は高校時代に聞いたことがあると思います。ここではもっと広げて，さらに資本主義の歴史とも関連づけながら経済学の流れを追っていきます。

Ⅳ〈**資本主義経済の運動**〉の第16講から18講では，日常生活で体験する**価格**とか**所得**とか生産の繰り返し（**再生産**）の背後にある本質関係を明らかにして，経済の基本的動きについて説明します。

Ⅴ〈**戦後日本社会の歩みと新しい社会**〉の第19講から23講では，現代の日本社会は第二次世界大戦後どう発展してきたのかを具体的に話してみたい。ご承知のように，日本は1945年8月15日に敗戦を迎えてから短期間に経済復興をとげましたが，日本の戦後復興がこれからのイラク復興の参考になるといわれました。はたしてどこまで参考となるのでしょうか。現在の日本社会が直面する諸問題（危機）と関連させながら考えてみようと思います。最後の第24講では，今後の日本や世界の問題を考えます。将来の経済社会を展望するためには，歴史や理論や政策をいろいろな側面から学ぶことが大切です。これが本講義の最終目標でもあります。

レポート課題「大学生活への抱負と講義への注文を自由に書いてください」

講評 みんな率直に書いているな，というのが私の第一印象でした。大学生活の抱負という点では，税理士とか公認会計士などの資格を取得したいといったように，はっきりと目標がある人はその目標に向かってほしいし，まだはっきりと目標をもっていない人には，自分自身をみつめながら，自分の適性とかやりたいこととか，目標をみつけていくのがある意味では大学生活の最大の課題かもしれないと申し上げておきたい。共通して多かったのは友人をつくりたいということで，それは当然であって，私自身を振り返ってみても大学時代というのは社会での利害関係から離れて交流ができる場所であり，社会に出てからもそうした交流は長続きするものです。授業やゼミやサークルあるいはアルバイトなどをつうじて本当の友人関係を見つけてほしい。アルバイトにしても単に金銭上の問題だけでなく，労働をとおして社会体験ができるようにしたいというレポートもあって心強く思いました。この講義に対する要望としては，いまの**日本**が，そして経済や景気がどうなっていくのかについて知りたいということ，また，**経済が身近な生活**とどのようにかかわっているのかを話してもらいたいという意見が多くみられました。これは想像していたとおりで，そのように努力してみたいと思います。また，ある人は自分たちも商品を買い消費税を払うことによって経済に参加しているのだと書いていました。そのとおりです。商品を買えば消費活動に参加したことになり，アルバイトをすれば生産活動に参加したことになります。このように，なるべく日常生活と密着してお話ししていこうと思います。

より深く学習するために

日常生活において感じる常識的判断から出発して，その背後にある本質関係を説明していこうとするスタンスの入門書や，**マルクス経済学**と**近代経済学**とを対比した入門書として，さしあたり最近出版されたものを中心として，以下の文献を紹介しておきます。

[1] 鶴田満彦編『経済学入門：常識から科学へ』(新版) 有斐閣，1990年
[2] 角田修一編『社会経済学入門』大月書店，2003年

［3］名和隆央『経済学入門コース』緑風出版，2004年
［4］経済学教育学会教科書編集委員会編『新時代の経済学入門』実教出版，1998年
［5］八木紀一郎・宇仁宏幸『図解雑学 資本主義のしくみ』ナツメ社，2003年
［6］三土修平『新しい教養のすすめ 経済学』昭和堂，2002年
［7］関根友彦『経済原論教科書』創英社／三省堂書店，2004年
［8］拙著『入門経済学講義』東京教科書出版，1989年
［9］拙著『マルクス経済学入門』（第3版）1988年（パンフレット『研究と教育』第10号，これは東京経済大学の図書館にあります）

[I]

自然と経済と社会と人間の実践活動

第1講　人間とは何か，私たちは何者か

経済という言葉

　私たちは経済学部とか経済学とか経済活動・経済問題・経済ニュースとか「経済」という言葉を自然に受け入れていますが，この言葉はどのようにして生まれてきたのでしょうか。明治維新の直前にヨーロッパから輸入した**Political Economy** という書物を「経世済民（けいせいさいみん）」と訳したからです。経済という言葉はすでに江戸時代に中国から入っていました。江戸幕府の改革者としても知られる松平定信の書物は『経済要論（けいざいようろん）』と名づけられています。松平や江戸時代の儒教学者たちは，「世を治めて民を救う」という意味で経済という言葉を使いました。『蘭学事始』に描写されているように，西洋医学はオランダ語をとおして輸入されましたが，医学の専門用語をどう日本語に翻訳したらよいか苦心したのと同じです。当時の資本主義世界の中心はイギリスであり，経済学の中心もイギリス古典派経済学でした。当時カール・マルクスは資本主義を批判的に研究していました。このイギリス古典派経済学から独自の経済学をつくっていったジョン・スチュアート・ミルの流れの経済学を解説したエリスという人の書物を，神田孝平という人が『経済小学』と訳しています。しかし，経済学が経世済民の学であるかどうかは疑わしいところもあります。**自然法則のように客観的に作用する経済社会の法則性を解明する**ことも経済学の重要な課題だからです。この講義を聞いたうえで，みなさんも考えてみてください。

私たちは何者か

　前回のレポートのなかにつぎのようなものがありました。自分とは何かということを理解し，そして他人を理解できるようになるために大学で勉強する気になりました，と。きょうの講義のテーマはまさにこのことを考えるこ

とにあります。人間が動物一般とどう違うのかということについて，多くの人がいろいろなことをいってきました。たとえばパスカルという哲学者は，「人間は考える葦（あし）」であるといいました。フランクリンというアメリカの大統領は演説のなかで，「人間は道具を使う動物だ」といいました。マルクスは，人間を社会的諸関係の総体のなかで規定しようとしました。どれも人間存在の特質をそれぞれ規定していると思います。

　人間は三つの側面なり三つの活動をしているといえます。第一は**自然的人間**であり，第二は**社会的人間**であり，第三は**人間としての人間**（**人文的人間**）です。いいかえれば，人間の自然性，社会性，人間性といってもよいでしょう。イヌならイヌという動物のなかにも社会はあるでしょうが，それは非常に狭い社会であり，かつ日本のイヌとアメリカのイヌとがコミュニケーションをとっているなどとは考えられません。社会というものは人間が独自につくりだしたものです。この三側面なり三つの活動の相互連関を考えていきましょう。

人間も自然界の一員である

　人間もこの宇宙のなかでしかも地球の上で生きていく生命体であり，生き歳生きる存在でしかありません。ですから人間は宇宙の真理とか自然の摂理に逆らって生きていくことはできないのです。地上では人間は万有引力の法則にしたがって生活せざるをえません。逆立ちして生活していくことはできないわけです。動物と同じく人間も，地球上の水を飲み空気を吸い，自然に生育する植物や動物を食べて生きてきたわけです。そういうことが不可能になれば，人間はみなあの世にいってしまうわけです。

　あの世はあるのかないのかについては意見が分かれます。**宗教**はあの世があると考えますが，**唯物史観**（ゆいぶつしかん）は生命がなくなれば精神活動も停止すると考えます。みなさんも高校時代に，この世はどのようにしてつくられたのかということを考えたり教ったりしたと思いますが，アメリカでは神がつくったとする**天地創造説**とサルから進化したという**進化論**とが教育界で大論争になり，裁判問題にもなっています。私は進化論の立場です。宇宙は100億年以上前

にビッグバンが起こり誕生したといわれますが，原始地球は約46億年前に太陽系を回る小惑星がぶつかりあって形成されたといわれます。地球という惑星は，太陽との距離において容易に水ができやすい条件にあり，やがて雨が降り海にたまり，その海のなかから生命が誕生してくるわけです。ですから私たちの血液の塩分は，海水の塩分濃度に近いといわれるわけです。こうした知識は私が学生時代に得たものですから，いまでは新説が出ているかもしれません。そうであったら訂正したいと思いますから，ぜひ教えてください。

最近の考古学上の発見によれば，猿から人間に移行するようになったのは，いまから700万年くらい前ではないかといわれます。人は地上に降りて直立するようになったときに，手で道具を使えるようになり，頭脳が発展し，道具で仕事をすることによって頭脳の機能も一層発展してきました。この過程における**労働の役割**を描きだした古典的な名著として**フリードリッヒ・エンゲルス**の『**猿から人間に移行するにあたっての労働の役割**』を紹介しておきましょう。それはともかく，地球46億年の歴史からいえば人類の歴史というのはきわめて短いわけです。私たちの直接の先祖であるホモ・サピエンスはいまから約5～6万年くらい前に東アフリカに誕生したといわれます。従来は適者生存説といって環境に最も適応したものが進化できたといわれますが，最近の研究では突然変異的にある種ができあがるといわれています。たしかに，ゴリラはゴリラであり，ゴリラから人間が生まれてきたなどは目撃できないわけです（図1-1を参照）。それはともかく5～6万年前に東アフリカに誕生したホモ・サピエンスが世界各地に移動していった。東は中国やシベリアへ，西はヨーロッパ各地に移動し，ベーリング海峡は陸地で結ばれていましたから北アメリカ大陸それから南アメリカ大陸へと移っていったのでしょうし，インドやインドネシアそしてオーストラリアやニュージーランドへと移っていったのでしょう。

科学の発展によって人類誕生の歴史についてももっと新しい発見がされていくでしょうが，ともかく人間が地上に降りてきて，道具を使いながら自然を改造していく過程で，逆に頭脳や身体を発展させてきたことは普遍的な事実として正しいといえます。こうした人間と自然とのかかわり，いいかえれ

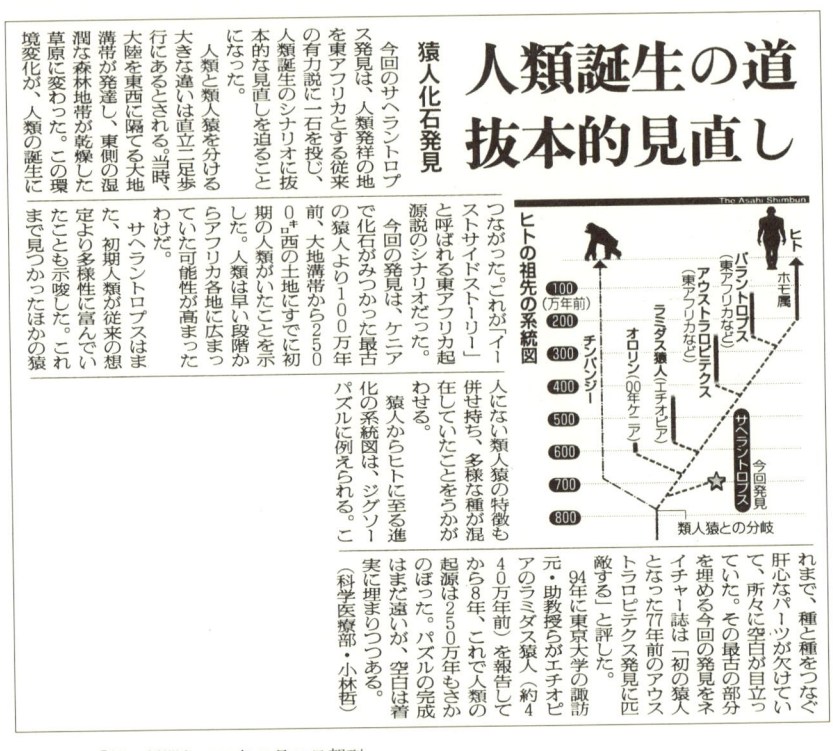

図1-1 ヒトの祖先の系統図と解説

出所：『朝日新聞』2002年7月11日朝刊。

ば改造・対立・共生の関係を研究する学問分野として**自然科学**があるといえるでしょう。人間が不在のようにみえる宇宙の研究においても，宇宙の起源，地球の起源，生命の起源，人間の起源ということを研究しているわけですから，まさに人間自身を研究しているといえるわけです。

人間は精神・文化活動をする

しかし人間は単に自然のなかで生活しているだけではありません。人間としてさまざまな精神的・文化的な活動をしているわけです。芸術をつくり，言語もつくり，さまざまな記録を残してきました。いま起こっているイラク戦争の地域は，メソポタミア文明が栄えたところで楔形文字を記録として残

図1-2 ホモ・サピエンスの移動ルート

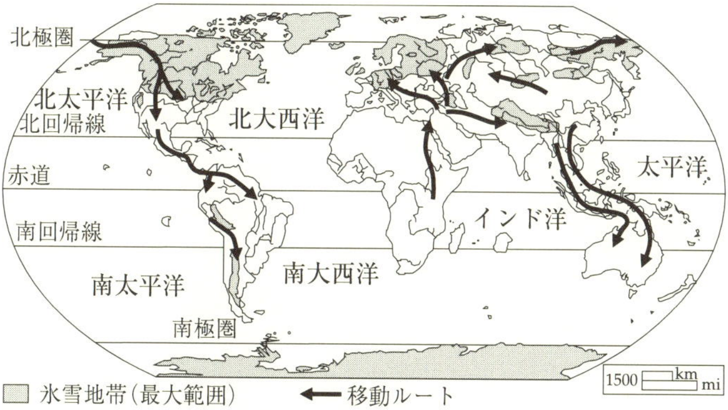

（地図：北極圏、北太平洋、北回帰線、北大西洋、赤道、南回帰線、南太平洋、南大西洋、南極圏、太平洋、インド洋などの地名と移動ルートを示す矢印）

■ 氷雪地帯（最大範囲）　← 移動ルート

出所：Microsoft (R) Encarta (R) Reference Library 2003.

しています。こうした人間の精神的・文化的活動の領域を研究する学問分野のことを**人文科学**といいます。文学や芸術や倫理や哲学といった分野です。宗教もそうでしょうが，宗教は人間がつくりだした作品にほかならないわけです。たとえばキリスト教をみればわかりますように，ある特殊歴史的な時代に生きた人々がつくりだす教えや考えが，のちにキリスト教となっているわけです。**宗教は人間の創造物**です。

人間は社会的動物である

　人間は自分ひとりで生きているのではなくて，他人とのかかわりのなかで生きています。そして一つの集団なり組織というものをつくっています。こうした社会あるいは社会のなかの人間を研究する分野が**社会科学**であるわけです。経済学，経営学，社会学，商学，政治学，法学などです。人間は社会をつくり運営しているだけではなく，その社会そのものから存在を規定されているのです。

自己喪失の危機

　現代の人間は，この人間存在の三側面なり三活動が統一されていないで，

第1講　人間とは何か，私たちは何者か　19

分裂してしまっているといわれます。みなさんは高校までの教育において，智・徳・育がバランスよく成長することが大切だと教わってきたと思います。比喩的にいうならば，育とはここでは自然であり，徳は人間の精神であり，智とはさまざまな知識です。このバランスが大切であるわけですが，社会学者は，いまの社会ではこのバランスが崩れていると考えています。アメリカの社会学で研究されている**アイデンティティ・クライシス**はこうした状況を問題としています。バランスよく全面的に成長しないで，ある側面だけが異常に発展し，他の側面は幼稚な段階にとどまってしまっている状態を指しているのでしょう。したがってまた自己の存在理由が喪失し，他人との協力関係も失われてしまった状態です。これはたんに子供たちの世界だけの現象ではなく，大人の世界でもさまざまな精神的な病として現われてきています。現代社会においてはこの三側面・三活動のバランスが崩れてしまっているというところに，**人間危機**ないし**精神的危機**というものが生じていると私は考えています。

レポート課題「自分とは何者だろうか」

> **講評** 課題はむずかしかったようですが，みなさん率直に書いてくれたというのが第一印象です。いままで考えたことがないとか，これから一生かかって考えていかないと答えがでない，という感想が多かったのですが，それはそれでよいと思います。まさにこれから考えていってもらいたいということであり，またこの講義の目標もこうしたことを考えてもらうことにあります。講義でお話ししたことは，自分は自分であるが，しかし他人や自然やそこでの動物や植物との交わりのなかで生きているということであります。自然そのものも人間がつくり変えてきた自然であり，縄文時代の武蔵野と現代の武蔵野とでは風土なり景観というものが大いに変わっているわけです。このように人は他人との交わりのなかから社会や組織や制度をつくり，またそれらを運営するとともに，逆にそれらから規制されている存在であります。こういう意味において，人間は諸々の諸関係のなかで規定されていると思います。先生自身はどう考えているかという質問もありましたが，それはこの講義をとおして，おいおい話して

いきたいと思います。

より深く学習するために
「経済」という言葉の語源については，
［1］馬場宏二「経済という言葉―意味・語源・歴史」（March 2004, Institute of Business Research Daito Bunka University (Research Papers No. J-44)）
［2］阿部弘「『経済学小学』の思想」（駒澤大学）『経済学論集』第29巻第2号（1997年12月）
　人間の三活動（三側面）については，
［3］高島善哉『社会科学の再建』新評論，1981年，第2章
　労働の実践的役割については，
［4］フリードリッヒ・エンゲルス（岡崎次郎訳）『猿から人間に移行するにあたっての労働の役割』（世界の大思想Ⅱ-5）河出書房，1967年
　現代人の人間危機や社会危機を，マルクス経済学の立場から分析したものとして，
［5］ジェームズ・オコーナー著（佐々木・青木ほか訳）『経済危機とアメリカ社会』御茶の水書房，1988年
［6］James O'Connor, *The Meaning of Crisis*, Basil Blackwell, Oxford U.K. & N.Y. USA, 1987
　オコーナーの危機論を検討したものとして，
［7］拙稿「現代資本主義の経済・社会・イデオロギー危機」『東京経大学会誌』第149号（1987年1月）
［8］拙稿「オコーナーの危機論」『東京経大学会誌』第237号（2004年1月）
　自己意識と言語の成立過程を論じたものとして，難解ではあるが，
［9］宮田和保『意識と言語』桜井書店，2003年

第2講　人間は自然を改造し社会や文化をつくってきた

社会システム

　きょうのテーマについては，まず一般的に話したあとで，第二次世界大戦後の日本社会を取り上げて具体的に考えてみたい。地球という自然があり，これを舞台として人間集団は生活し，さらにその上部に人間のさまざまな制度や思想が存在します（図2-1，参照）。そして経済と社会や思想や制度は分離しているのではなく，密接に結びつきあっています。それぞれの中身については次回以降，内容的に少し詳しく説明していくことにして，きょうは大きな構造というか枠組みについて説明します。こうした構造をあとで戦後の日本を取り上げて考えてみることにします。

自然と人間との物質代謝過程

　図2-2に示すように，人間は自然に働きかけ，それを人間の生活や生産に役立つものにしてきました。たとえば野生のイノシシを家畜として飼育し，地中から掘り出した石炭や石油を直接用いたり，加工したりして生活や生産に役立ててきたわけです。その際に人間は素手で自然を加工するのではなく，道具を使うわけです。このように人間が道具を使用して自然に働きかけ，これを改造していく能動的・主体的な働きかけを**労働**と呼びます。自然物から加工したものの一部は衣食住などの人間の生活に回され，残りのものは，使用してしまって補てんしなければならない道具や道具

図2-1　社会システム（土台と上部）

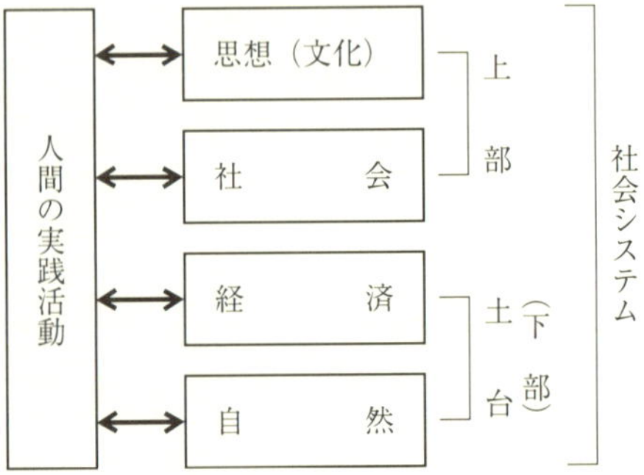

```
                    ┌─ 思想（文化）─┐ 上
                    │                │ 部
 人間     ←→      │                │
 の                 ├─ 社　　会 ───┤     社
 実       ←→      │                │     会
 践                 │                │     シ
 活                 ├─ 経　　済 ───┤ 土   ス
 動       ←→      │                │ 台   テ
                    │                │ （下 ム
                    └─ 自　　然 ───┘ 部）
          ←→
```

を増やすために回されます。現在ではこの道具は，機械であり装置でありそして情報処理のコンピューターなどです。人類はこうした普遍的な活動をとおして，種として存続してきたのです。レポートのなかに，自分は親から命をもらい次の子供たちに命を与えていく存在だというものがありましたが，まさにこうした普遍的な活動なしには人間は生きていくことができないわけです。この普遍的な活動のことを「**自然と人間との物質代謝過程**」と呼びます。しかし，こうした活動をするにあたっての人間集団のあり方こそ重要であり，社会科学や経済学が重視しなければならない対象です。この社会集団のあり方が平等であり連帯的であるか，それとも支配・従属のもとでの命令関係から成り立っているのかということによって，その社会の性格が規定されます。歴史上さまざまな社会が存在してきました。あるいは日本の社会，アメリカの社会，アラブの社会をみても，共通する側面もありますがやはり違った社会でもあるわけです。「文明の衝突」という人もいるくらいで，現代の世界をとってみてもさまざまな社会が存在するわけです。こうした活動の分野が，図2-1でいえばまさに経済活動の分野であり，経済学が主として対象とする領域です。

図2-2　自然と人間との物質代謝過程

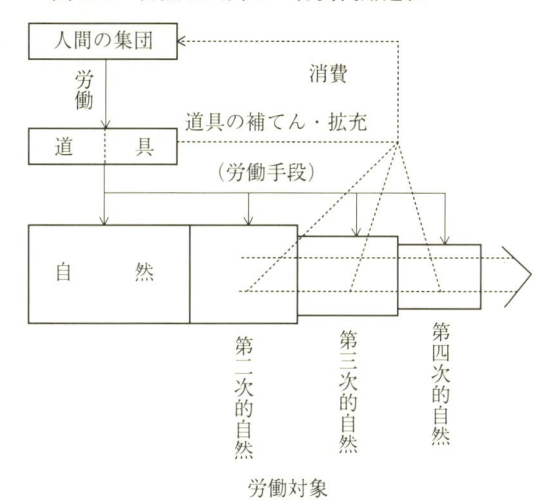

出所：拙著『経済学原論』青木書店，1996年，51頁。

風土は人間をつくる

　日本の風土についていえば，温帯地方にあり稲作文化を営んできたとひとまず規定できます。他の国とは海で隔てられている島国であり，その日本列

島にいろいろな方面から人々が移住してきて、やがて大和政権（天皇制）が支配するようになった歴史的・自然的特徴（風土）が、日本人を長い間にわたって形成してきたといえるでしょう。日本の自然環境といえば、温帯地域であり、稲作農耕であり、島国であることがあげられます。こうした要因が日本人の心なり民族性というものを規定してきたわけです。こうした要因のことを人文地理学では風土と呼びます。メソポタミアのような砂漠の多い世界や、アメリカのような広大な大陸のあるところと比較して、日本的風土が日本独特の文化や生活や習慣というものを形成してきたことは疑いありません。地球は丸いからといって画一的なものではなくて、年中同じ気候の地域と春夏秋冬、季節の変化がある地域とでは、生活の仕方なり自然に対する考え方がおのずから違います。こうした風土は日本人を規定する一般的条件といえますが、内容的にいえば日本には緑が多いということがいえます。

荒廃する緑

　日本人が受けている自然の恵みのなかで、とくに緑が豊かであるということがあげられます。日本の国土の67％は森林が占めています。図2-3は世界の森林面積を示していますが、世界平均は27％、最も高い南米の50％と比較しても日本は森林王国であることがわかります。

　樹木というのは人間が吐き出す二酸化炭素を吸収して酸素を供給してくれます。また、緑のダムといわれるように森林は地下と樹木のなかに水を保存してくれます。たとえば、地球的な温暖化の原因となる二酸化炭素の排出量を規制しようという京都議定書（1997年）ができました。ところがアメリカは自国の産業の規制をまぬがれるために、いまだにこれに署名していないわけです。同議定書で日本の二酸化炭素排出規制量が比較的高く設定されているのは、まさに67％の森林率があるからにほかなりません。ところが高度成長の過程において、日本の森林は荒廃してきました。地方出身の方はよくご存知でしょうが、もし時間があったら奥多摩の山にでもハイキングに行ってみればすぐに気づくでしょう。山が荒れてきたということは、山で仕事をしても採算に合わなくなったからです。戦後に植えた人工林ならば間伐しなけ

図 2-3 世界の森林面積（1995年）

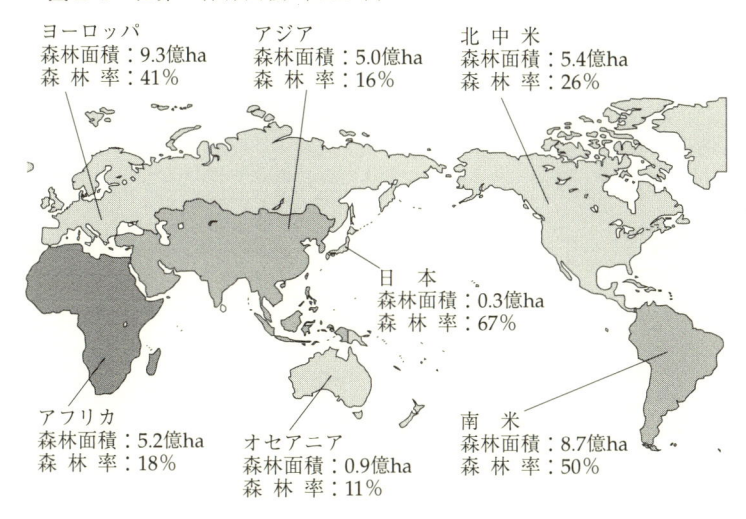

ヨーロッパ
森林面積：9.3億ha
森林率：41%

アジア
森林面積：5.0億ha
森林率：16%

北中米
森林面積：5.4億ha
森林率：26%

日本
森林面積：0.3億ha
森林率：67%

アフリカ
森林面積：5.2億ha
森林率：18%

オセアニア
森林面積：0.9億ha
森林率：11%

南米
森林面積：8.7億ha
森林率：50%

	森林面積	森林率
先　進　国	15.0億ha	28%
開発途上国	19.0億ha	26%
世　界　計	34.5億ha	27%

注：1）地域分類は，経済的または政治区分によらず，地理的区分による。
　　2）アジアの森林面積および森林率には，日本も含まれている。
　　3）「先進国」は，ヨーロッパ，オーストラリア，カナダ，イスラエル，日本，ニュージーランド，南アフリカ，アメリカ，アルメニア，アゼルバイジャン，グルジア，カザフスタン，キルギスタン，タジキスタン，トルクメニスタンおよびウズベキスタンの各国である。
　　4）「開発途上国」は，先進国以外のすべての国である。
出所：FAO『世界森林白書 1999年』。稲本正編『森を創る 森と語る』岩波書店，2002年，11頁より。

ればなりません。半分くらいは間伐してやらないと，モヤシのように細長く成長してしまうのです。そうした樹木は大雨や大雪や台風が来れば，倒木になったり，雪折れしたりして，土砂崩れを起こしてしまう。これでは大変だということで，ようやく地方の知事さんたちが森林を守れとか，森林税を課すとか，失業した労働者を森林保全の作業に斡旋するような政策が提言されるようになりました。あるいは環境保護団体などがボランティア活動として

表 2-1　階級構成の推移

実　数（万人）

	1950			1960			1970		
	女性	男性	合計	女性	男性	合計	女性	男性	合計
資本家階級	8.9	67.8	76.7	25.7	168.4	194.1	48.9	278.1	327.0
新中間階級	41.5	357.4	398.9	65.4	425.4	490.9	108.6	618.9	727.5
労働者階級	319.2	677.4	996.6	643.6	1146.8	1790.4	961.0	1509.6	2470.6
旧中間階級	1003.3	1073.6	2076.9	974.6	918.5	1893.1	919.8	764.3	1684.2
合　計	1372.9	2176.2	3549.1	1709.4	2659.1	4368.5	2038.3	3171.0	5209.3

比　率（%）

	1950			1960			1970		
	女性	男性	合計	女性	男性	合計	女性	男性	合計
資本家階級	0.65	3.12	2.16	1.50	6.33	4.44	2.40	8.77	6.28
新中間階級	3.02	16.42	11.24	3.83	16.00	11.24	5.33	19.52	13.97
労働者階級	23.25	31.13	28.08	37.65	43.13	40.99	47.15	47.61	47.43
旧中間階級	73.08	49.33	58.52	57.02	34.54	43.34	45.13	24.10	32.33
合　計	100.00	100.00	100.00	100.00	100.00	100.00	100.00	100.00	100.00

性別構成比（%）

	1950			1960			1970		
	女性	男性	合計	女性	男性	合計	女性	男性	合計
資本家階級	11.60	88.40	100.00	13.23	86.77	100.00	14.95	85.05	100.00
新中間階級	10.40	89.60	100.00	13.33	86.67	100.00	14.93	85.07	100.00
労働者階級	32.03	67.97	100.00	35.95	64.05	100.00	38.90	61.10	100.00
旧中間階級	48.31	51.69	100.00	51.48	48.52	100.00	54.62	45.38	100.00
合　計	38.68	61.32	100.00	39.13	60.87	100.00	39.13	60.87	100.00

出所：橋本健二『現代日本の階級構造』東信堂，1999年，108-109頁。

森林作業をしたりしています。これらはよいことですが，それだけ森林破壊の深刻さが認識されてきたということです。

日本の階級構成

　日本にはどのような人々が住んでいるのでしょうか？ 性の違いや年齢の違いによって分類するのではなく，どのような階級に属しているかによって

	1980			1990		
	女性	男性	合計	女性	男性	合計
	79.3	377.8	457.0	104.7	436.6	541.3
	186.7	718.4	905.1	262.5	912.1	1174.6
	1122.9	1712.3	2835.2	1503.0	1840.4	3343.4
	725.3	653.8	1379.1	557.7	526.6	1084.3
	2114.2	3462.2	5576.5	2427.9	3715.7	6143.5

	1980			1990		
	女性	男性	合計	女性	男性	合計
	3.75	10.91	8.20	4.31	11.75	8.81
	8.83	20.75	16.23	10.81	24.55	19.12
	53.11	49.46	50.84	61.91	49.53	54.42
	34.31	18.88	24.73	22.97	14.17	17.65
	100.00	100.00	100.00	100.00	100.00	100.00

	1980			1990		
	女性	男性	合計	女性	男性	合計
	17.34	82.66	100.00	19.33	80.67	100.00
	20.63	79.37	100.00	22.35	77.65	100.00
	39.61	60.39	100.00	44.95	55.05	100.00
	52.59	47.41	100.00	51.44	48.56	100.00
	37.91	62.09	100.00	39.52	60.48	100.00

分類してみましょう。階級とは質的に異なった経済活動によって人々を区分したものであり，社会は不連続な人々の集団から構成されているとみます。**資本家階級**とは「雇う立場」の人であり，資本機能（第10講で説明します）を担う人々です。統計上，このなかには高級政治家や高級官僚や天皇家も含まれます。**労働者階級**とは直接に生産に従事する「雇われる立場」の人々です。**新中間階級**とは「雇われる立場」ですが，特殊な技能をもつ人々であり，「サラリーマン層」です。**旧中間階級**とは独立して自営業を営む人々です。

表2-1は階級構成の推移を示していますが，1990年では労働者階級と新中間層を合わせた雇用され賃金を受け取る人々が73.5％になります。自営業を中心とした旧中間階級は17.7％，資本家階級は8.8％です。また，こうした階級間や階級内部においても所得の格差があるわけです。

日本国憲法と戦後社会

日本社会のあり方を基本的に規定しているのは**日本国憲法**です。主権在民

であり，天皇制は国民が合意した象徴天皇であり，理念としているのは**社会科学でいう市民社会**です。教育体制を規定しているのは，憲法で保証されている教育権であり，その精神を具体化しているのが**教育基本法**であり，さらに具体的には**学校教育法**です。それらが基本的に思想・信条・宗教の自由を保証しているのです。こうした自由を保証するために大学なら大学に自治権が与えられてきました。それを文部科学省（もとの文部省）によって国家管理のほうにもっていこうとする動きが絶えずありました。また，それに抵抗して教育の現場と生徒の実態にあわせた教育をしていこうとする運動も当然存在してきました。政治制度は憲法に規定されているように**三権分立制度**です。国民が政治家を選び，その決定を行政が実行し，その過程で司法がルールを守るように判決してきました。ところが憲法の理念とはかけ離れて，立法と行政が癒着してきました。それに経済界を支配する財界が加わり**政・官・財の癒着体制（政・官・財複合体）**が実際には支配しているのです。政治家は官僚の人事権をもち，官僚はいろいろな行政指導をつうじて財界にさまざまな利益を提供し，財界は政治家にカネや票を提供する。いわば三すくみの複合体制が支配している。ところが憲法が規定している**市民社会**とは，**主権は国民にあり，国民は生存する権利，労働する権利，教育を受ける権利，さまざまな社会保障を受ける権利，そして地方自治権が保証さる社会**です。憲法には，戦前までにアメリカやヨーロッパで獲得されてきた一人ひとりの権利（市民としての権利）がすべて盛り込まれているといえます。教育の場合には，教育基本法で個人の尊厳，個性を重視し，平和を希求することが教育の目標として規定されています。学校教育法では単線型の平等的教育が規定されています。実際の教育はいろいろな原因で荒廃してきましたが，その原因を解決しようとしないで，法律を変えれば解決できるかのような考えが出てきているわけです。憲法問題は今後，激しい論争が予想されます（護憲・論憲・創憲・改憲論議）。そうはいっても，現在は，憲法が規定する市民社会的原理を，自民党を中心とする政・官・財が支配する政治のもとで曲がりなりにも実現しなければならない関係にあるといっておきましょう。

レポート課題「講義で説明したような社会システムのとらえ方をどう考えますか」

> **講評** 自然とのつながりを重視した感想や，社会とか思想を重視した感想まで多種・多様でした．それはそれで結構です．なかには思想は経済のなかに入り込んでいるのであってバラバラではないという，もっともな感想もありました．レポートの書き方としては，講義の内容をふまえながら自分の意見を書くようにしたらよいだろうと思います．辞書を利用しなさい，とくに携帯に便利な経済学小辞典や経済用語集を持ち歩きなさいといいましたが，つぎに紹介しておきます．

より深く学習するために

携帯に便利な経済学や経済用語の小辞典として，
［１］都留重人編『経済学小辞典』（第3版）岩波書店，1994年
［２］日本経済新聞社編『経済新語辞典』（毎年新しい版が出る）
日本の森林についてはさしあたり，
［３］稲本正編『森を創る 森と語る』岩波書店，2002年
風土を歴史的・社会的に考察する必要性を説いたものとして，
［４］高島善哉『時代に挑む社会科学』（著作集第9巻）こぶし書房，1998年，第二部第3章

第3講　人間と自然との共生

グローバル化する環境問題

　現代の自然問題として環境問題（公害）から話を進めていきましょう。昔からある環境問題は**原子力**です。北朝鮮の核開発が危険視されていますが，日本にも核兵器は持ち込まれているし，原発の事故も発生しています。また，2001年にはインドとパキスタンとの間で核戦争が現実化するような危険が瀬戸際にまで進んだことは記憶に新しいところです。イスラエルのような国も核兵器を保有しています。地球上にどのくらいの核兵器がつくられているかは軍事機密であり正確にはわかりません。しかし核戦争が起こされたり，核爆弾が偶発的に爆発したならば，地球上の生命は滅びるだろうとまで予想されています。また原子力発電所は世界各地に存在しますが，アメリカのスリーマイル島発電所，旧ソ連のチェルノブイリ発電所，日本の東海村の発電所では事故が起こっていますし，そのほかの原発の事故の多くは隠されていたことが報じられています。絶対安全などないわけです。また核廃棄物は長期的に存在し簡単には消滅しません。日本が推進しているプルトニウムの再利用計画は，外国では危険であるばかりかコストが高いとまで報告されています。

　オゾン層の破壊も進んでいます。その原因はご存じのように，冷蔵庫やスプレーで使われているフロンが大気圏外で一酸化塩素となりオゾン層を破壊するからで，その結果，有害な波長の紫外線が地球上に降り注ぐようになっています。皮膚ガンの発生が増えたり，プランクトンを減少させて漁獲量を減らし，魚を肥料とする農産物の収穫にも影響を及ぼします。最近ではフロンやハロンの使用量を制限した結果，地表から出る量は減りましたが，大気圏外に影響が及ぶには約10年かかりますから，完全に減少するには40～50年かかるといわれています。**地球温帯化**の原因は二酸化炭素です。これは化石燃料（石炭と石油）から出てきます。これが地球を覆いいわば温室のような

ものにしてしまい，地球を温暖化させるのです。1880年から1990年の100年間に地球の温度は1℃上昇したといわれます。地球全体への影響としては，北極や南極などの氷を溶かして海水面を上昇させてしまう。いまの排出量を続けていけば，2100年には平均気温は約2℃上昇すると予測されています。大きく見積もって3℃上昇したとして，東京の熱帯夜を想像してみてください。約2℃上昇したとして海面は0.5メートル上昇して，水没する島が出てきます。また東京湾岸のデルタ地帯は大変な被害を受けることが予想されます。いまの領海域も変わってしまうでしょう。

　さらに前講で話しましたように，こうした二酸化炭素を吸収浄化する森林が荒廃しています。世界の森林面積は27％であり，日本は67％と恵まれているのですが，それでも日本の森林は過剰伐採状態です。しかも第二次世界大戦後せっかく植林した人工林が間伐しないままに放置されてきました。農業も工業化によって衰退し，比重が低下しています。田畑も耕作されずに「かい廃」されています。水田はたんにコメをつくるだけでなく，環境を保全する機能を果たしてきましたが，こうした保全機能が衰えています。まさに生命そのものの危機が生じているといわざるをえません。これらはグローバルな環境問題ですが，ゴミ処理問題のような地域的な環境問題もいろいろ発生しています。自然なしには人間は生きていけないのであって，なんでも改造すればよいというものではなく，自然と共生していくことを考えなければなりません。

人間は自然を変えてきた

　しかし，自然は自然そのものではありません。前講で説明したように自然はいわば**本源的自然**というものでありますが，広くとらえれば人間がそこに住みついてきた自然であり，つくり変えてきた自然でもあります。こうした広義の自然のことを**文化的自然**，**歴史的自然**と呼んでおきましょう。人間も自然界の一員である以上，やはり自然を構成しています。日本の風土を例に説明してみましょう。

　前回のレポートで，自分は日本人だという回答がありましたが，では「日

本人とは何か」と問われたら，答えることはなかなかむずかしいことです。常識的にいえば，宗教圏としては仏教文化であり儒教の影響も大きい。あの世とやらに旅立つとき，多くの人はお寺でお経をあげてもらうわけです。もちろん神社や教会で葬式をあげるのも自由です。こうした宗教観が日本人のなかには当然貫いているでしょう。食べ物はコメを主食としてきました。江戸時代までの日本人は，稲作によって得られるものをすべて生活に利用してきたといわれます。ワラやモミを衣服や履物や燃料などに利用し，ゴミとかムダは出さなかった。いま風にいえば見事なリサイクル社会を形成していたといえます。天皇制をどう考えるかはむずかしい問題ですが，日本人は長年にわたって天皇制のもとで生活してきました。現代の若い人たちも正月には皇居に参拝に行く。それは強制されてではなく，自然な行動としておこなわれてきました。ところがアイヌ民族にとって天皇とは，自分たちを追い払った征服者の親分にほかならないのです。

　歴史的あるいは社会的自然とは，人間がつくり変えてきた自然であるともいえます。アメリカ大陸のように西欧の文明が移植されてきた地域と，日本・中国・ヨーロッパのように伝統・歴史がある地域とでは違いがあります。日本は島国で，主として大和民族が支配し生活してきた地域です。明治維新後，稲作・農耕社会から工業社会へと急速に変貌してきました。現代ではインターネットに象徴されるようなサービス・情報化社会に変わってきています。自然といっても，アイヌ民族など狩猟民が生活していたときの日本列島から，農耕を主とした大和民族が生活するようになった日本列島へと，風土・景観は変わってきました。かつて日本に来た西洋人がビックリしたのは，水田と森の緑であり，彼らは黄金の国ならぬ緑の国を賞賛したといわれます。ところがいまの日本列島を見たら，煙突と車だらけで，煙やスモッグで覆われている。夜は都会の繁華街を中心として光り輝いている。澄んだ水や空気を必要とするような精密機械の生産は地方に移転している。日本の水は輸出されているくらいです。このように自然とはたんに与えられたものではなく，つくり変えられてきたという面があることを忘れてはなりません。

風土は民族の母体である

　本源的自然と文化的自然・歴史的自然をあわせて，ここでは**風土**と呼びましょう。人間がある地域に長年生活していれば，その地域固有の生活圏のようなものが形成されます。同じような言葉で話し，共通した生活様式がある。各地の方言などを考えてみれば，このことは理解できるでしょう。この風土が広域に発展したものとして民族が形成される。人間がそこに生活することによって自然が再形成され，またそれによって人間生活も規制される関係にある。そこを磁場として**民族**が形成される。このように民族は経済学的には規定しにくい，生きて生活している人間の泥臭い要素から形成されています。それがアラブ民族であり，キリスト教文明圏であり，アジアの諸民族であったりするわけです。人間は自然と共生していかなければならないのと同じように，諸民族や異文化が共存していかなければならない。大学での教育でも異文化体験が奨励されています。いったい**民族や国家は将来消滅するのだろうか**。民族が世界的に融合して単一民族になるとか，**国家**が統一して世界的国家となり，やがては国家も消滅していくだろうとの予想も抽象的には成り立ちます。将来どうなるかを，みなさんも考えてみてください。

レポート課題「1000年後に民族や国家は存続しているだろうか」

> **講評**　多くの回答は「存続している」でしたが，国家は世界的に統一の方向にいくだろうが民族は存続するとか，その逆に国家がなくなっては世界はまとまっていけないとの回答もありました。ちょっとビックリしたのは，民族や国家が消滅する前に地球が消滅してしまうだろうとの回答が何割かあったことです。環境問題を重視した見解です。結局は，私たち人間自身がどうするかに依存しているとの意見も多くみられました。自然との共生とかクリーン・エネルギーを開発するとか，科学・技術を制御していく体制をつくっていくとかが課題となるでしょう。

より深く学習するために

　マルクス主義の立場から，**唯物史観**のなかに生態学（エコロジー）を取り入れようとする野心的な書物として，

［1］James O'Connor, *Natural Causes: Essays in Ecological Marxism*, The Guilford Press, N.Y., 1998

　風土が民族の磁場であり，民族は主体としての階級の母体であることについては，

［2］高島善哉『民族と階級』（著作集第5巻）こぶし書房，1998年，第1章

　日本の緑の破壊については，さしあたり，

［3］拙著『経済学原論』青木書店，1996年，第10章第4節第1項

第4講　人間の主体的実践としての生産（生産力）

労働は人間の主体的実践である

　人間は生産活動をするにあたって道具を使用し，また動物一般とは異なりたんなる生殖本能でモノをつくるのではなく，科学・技術という知識を利用して目的意識的に生産する。いいかえれば，つくるもののイメージをあらかじめ決め，その生産に必要な資源や労働力をどのように配分するかを決めてきました。こうした人間固有の労働は，エンゲルスがいうように，地上に降りて直立して生活をしはじめた猿人以来の発展過程によって形成されたものです。こうした過程を繰り返しながら人間はモノを豊富にし，頭脳を発達させ，さまざまな文化などをつくってきました。その意味では，**労働とは本来人間の主体的・積極的活動であり，創造的な活動**です。また個々人がもっている潜在的能力を開発していく過程でもあったわけです。

人間は社会をつくり文化を創造してきた

　いま生産を自然との関係で説明しましたが，生産をもっとひろくとらえてみましょう。ひろくとらえた生産のことを**生産力**といいます。前回，自然も人間や文化とか歴史と絡みあった関係にあり，自然そのものも変化してきたといいました。人間がモノをつくる「**自然と人間との物質代謝過程**」を**本源的（自然的）生産力**と呼ぶことにします。同時に，人間は人間自身をつくっている（再生産している）のであり，これを生命の生産なり**人間的生産力**といっておきます。これは現代では少子化問題とか育児問題として論じられるようになっています。生命を再生産し，子々孫々に世代をつないでいくことであり，最も根元的な生産活動といえるでしょう。こうした生産活動の舞台として家族や地域が形成されてきました。こうした場において相互に協力したり助けあったりしながら，ひろい意味での教育をとおして個々の人間が育

図 4-1　人間の実践活動

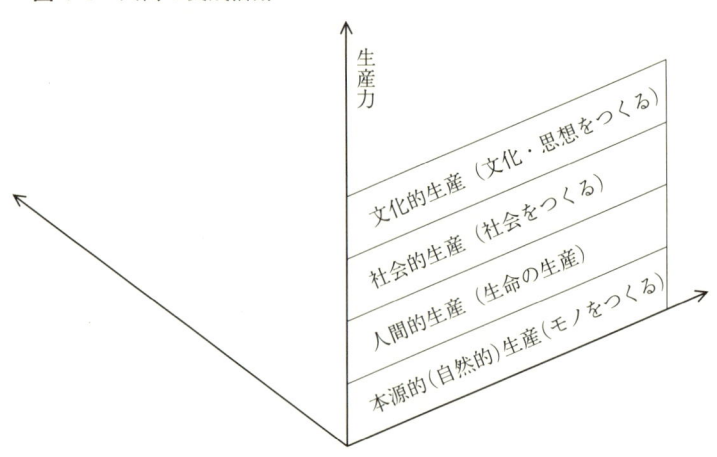

```
            生
            産
            力
            ↑
            │ 文化的生産（文化・思想をつくる）
            │
            │ 社会的生産（社会をつくる）
            │
            │ 人間的生産（生命の生産）
            │
            │ 本源的(自然的)生産（モノをつくる）
            └──────────────→
           ↙
```

てられてきたのです。こうした**人間的生産力**は，介護や福祉の重要性が高まってきたことによって，ジェンダー問題とかフェミニスト経済学として論じられるようになってきています。

　人間は社会をつくってきました。選挙などは政治をつくる活動であり，社会や政治は教育制度をつくり，そこで教える者と教わる者との交流が始まります。最後に人間はさまざまな文化をつくってきました（図4-1，参照）。

　こうした諸活動はバラバラに存在するのではなく，相互に密接に関連しあっている。しかもこうした諸活動は現代では人々が分担しあって，ある特定の活動に専念するようになっています（**分業**）。こうした意味において**社会は分業と協業の関係から成り立っている**といえます。**風土としての環境**のなかでさまざまな制度をつくりながら，生身の人間が生活している。人間には三大欲望というのがあり，食欲・性欲・睡欲をもつ人間がドロドロした感情の世界で喜び怒り悲しみ楽しんで生活し（喜怒哀楽），生産活動をしているのです。

現代の科学＝産業革命

　現代の日本を考えてみましょう。科学・技術が正しく利用され応用されて

いるといえるでしょうか。科学・技術が発展していくことを技術革新といいますが，たんに生産量が増大するといった量的問題が大切なのではなく，科学・技術がどのように応用・利用されているかという質的問題こそ重要です。科学・技術は発展すればするほどよいといった科学・技術万能論は疑う必要があるのです。現代では科学全体が技術開発を目標とするようになっています。かつては，個々の発明家や科学者の研究成果が科学・技術を発展させてきたといえるのですが，大学や民間の研究機関や政府系の研究所で研究され開発されたものが，民間企業の生産に大々的に応用されるようになっています。いわゆる産学協同であり，政府の方針は企業に役立つような科学研究には重点的に予算を配分しようとするものに変わってきています。こうなると，科学研究の独創性や自立性は保証されるのか，科学研究の成果は企業活動に役立つという基準だけで判断できるのだろうか，という問題を考えてみなければならなくなりました。公害問題はそのよい例証だといってよいでしょう。本来の人間生活に役立つような科学研究や技術とは何かということを考えざるをえないのです。大学に一定の自治権が保証されているのは，日本国憲法が保証している思想・信条の自由権にもとづいて教育されなければならないからです。研究活動も同じです。

　つぎに科学研究の内容上の特徴はどのようなものか。ここでは経済学者の都留重人氏の見方を要約して紹介しておきましょう。第一に，科学研究には「神への挑戦」といった性格があります。従来は科学の限界とされていた神とか宗教とか倫理という世界がどんどん解明されようとしている。たとえば，クローン人間の誕生はさまざまな倫理問題を引き起こしているし，心理とか頭脳活動のメカニズムの解明に向かっています。左脳や右脳の働きとか，夢の研究とか，生と死の解明などです。第二に，この地球上では再生することが不可能な資源がある。石炭とか石油などの化石燃料もそうです。いまの工業成長を続けていけば100年後にはそれらはなくなってしまうだろうと予想されているわけです。こうした再生不可能な資源の浪費が続いている。第三は，自然とのバランス（**生態系**）を破壊するほどに生産力が発展してしまっているという問題です。前回話した，**地球温暖化，オゾン層の破壊，核物質**

の拡散などはその典型です。まさにグローバルな環境破壊を引き起こしている。生産力が発展すればするほどよいのだとは単純にはいえなくなっているのです。第四に，労働の非人間化が進んでいます。

労働の主体性の回復

　本来，機械は人間の労働を軽減するはずなのに，現実には人間が機械によって働かされている。マルクスが『資本論』のなかで見事に分析していますが，現代ではコンピューターがそうです。コンピューターを操作する人たちは，主体的で創造的な労働をしているといえるでしょうか。若いコンピューター労働者が，さまざまな精神的・肉体的疲労によって職場を離れています。こうした労働の非人間化あるいは主体性の喪失のことを哲学的には労働の疎外（alienation）と呼びます。生産物をつくりだす過程そのものが強制された労働であり，つくりだした生産物は自己所有とはならず働かせた人の所有になる。その点では芸術的な労働とはまったく異なります。さらに生産物は生産者自身を支配する主体として登場してくるようになる。極端な例でいえば，可愛がっていたペットが成長して逆に人間を傷つけるようなものです。これからは労働の主体性を回復しなければなりません。生産者自身が生産の主人公にならなければなりません。もっとわかりやすくいえば，働きがいを回復しなければならないということです。日本の労働者に何が起こっているかといえば，働きがいがあると答える人の割合は少なく，自殺者はこの数年，毎年3万人を超えています。自殺の一番多い理由は高齢者の健康や生活への不安であり，二番目は倒産や失業による経済的理由です。なかには家族のため保険金を遺すために自殺するケースもあります。また，働き過ぎというか働かされ過ぎというかモーレツに働いた結果，「過労死」する労働者も増えています。40・50代の人たちに多くみられます。もっと若い世代では「過労自殺」も増えています。ある研究では，その数は1万人を超えるといわれています。働いている人のなかには精神的な疲れが広がっています。躁鬱病です。そうした疑いがある人は労働者の10〜20％にものぼるという調査結果も出ています。

こうした労働疎外を解決する方法を考えていかなければなりません。さきに述べた**主体性・創造性・自己開発性**を備え，それ自体が喜びであるような労働のあり方をつくりだしていかねばなりません。科学・技術が発展するということは，本来，労働時間の短縮を可能にします。生産性が10倍になったとすれば，消費量が一定であれば，労働時間は10分の1に短縮されるはずです。それにともなって**自由時間は増大**します。日本は国際労働機関（ILO）からもっと労働時間を短縮しなさいと勧告されているのです。同時に，自由時間をどのように有効に使うかということも問われています。ボランティア活動や奉仕活動，あるいは自発的な農作業や森林作業などが重視されてくるでしょう。農作業や森林作業は現代人の健康にもよいはずです。そして労働が，**強制された労働から芸術的な活動へ**と変わっていくでしょう。最近のフリーターの増大のなかには，自分の好きな仕事や芸術的活動に時間を割こうとする人たちもいます。こうした労働の転換を可能にするような制度とか政治体制を考えていく必要があるということなのです。

レポート課題「いまの日本人は生きがいや働きがいをもっているだろうか」

> **講評**　ヒントを示しておきますので，みなさん自身で考えてみてください。自分のアルバイト体験や家族（両親や兄姉）を参考にして自由に書きなさい。

より深く学習するために
　生産力概念を拡張して「生産力の理論」を展開したものとして，
［1］高島善哉『時代に挑む社会科学』（著作集第9巻）こぶし書房，1998年，第二部
　現代の科学・技術進歩の特徴を科学＝産業革命と性格づけ，そのはらむ問題点を要約したものとして，
［2］都留重人「資本制社会の変革をめざして」『経済』2002年10月号
　協業・分業・機械論を体系的に展開した古典として，
［3］カール・マルクス『資本論』（各種の訳本あり）第1巻第11〜13章

現代日本の労働疎外については，さしあたり，

[4] 拙稿「日本資本主義の危機と改革 (1)(2)」『東京経大学会誌』第233・234号（2003年2・3月），（第233号）231-232頁,（第234号）291-292頁

第5講　生産する人々の相互関係（生産関係）

人間は道具を媒介として対象物を改造してきた（労働過程）

　第2講で話しましたように，人間は自然に働きかけ，その加工物を人間の生活や生産に役立たせてきました。そのさい人間は，素手で自然を加工するのではなくて道具を使います。このように人間が道具を使用して自然に働きかけこれを改造していくこと，いいかえれば，能動的・主体的に人が自然に働きかけることを**労働**と呼びました。現在ではこの道具は，機械であり装置でありそして情報処理のコンピューターなどです。こうした活動は人類の普遍的で超歴史的な活動であり，人類はこうした経済活動をたゆまずしてこなければなりませんでした。この生産活動において，道具を媒介として労働によって変えられていく対象のことを**労働対象**といいます。また労働を媒介する道具のことを**労働手段**といい，生産活動に必要なこの労働対象と労働手段を合わせて**生産手段**といいます（図2-2，参照）。さらに主体である人間の労働する能力のことを**労働力**といいます。直接的にこのモノをつくる生産活動のことを**生産力の世界**ないし**生産力次元**と呼んでいます。

人々は労働過程を分担しながら協力してきた
（「分業にもとづく協業」としての労働関係）

　機械制大工業の前の生産形態を**マニュファクチャー（工場制手工業）**といいます。これはそれ以前に分散的におこなわれていた生産（問屋制手工業）を，工場のなかに集め，工場全体として生産する形態です。ですから生産力は非常に上昇しましたが，個々の労働者は工場のなかでは時計の歯車あるいは器官のようなものとなります（**部分労働者化**）。しかし，これは労働者の主体性というか熟練や経験に大きく依存した生産体系でした。この生産体系が「**分業にもとづく協業**」（マニュファクチャー）です。以下，簡単に説明

していきましょう。

　単純な協業とは，同じ作業を集団的におこなう生産形態です。リレー式の作業のことです。たとえば，火災のときにバケツで水を運んで消火する場合，一人ひとりがそれぞれ水を運ぶよりも，リレー式にバケツを運んだほうがはるかに効率がいいでしょう。あるいは家を建てるとき屋根に瓦を運ぶのに，一人ひとりが下から屋根まで運ぶよりもリレー式に運んだほうがはるかに効率的です。

　分業とは生産工程を分担しあうことであり，ヘンリー・マーチンの『東インド貿易に関する諸考察』における時計生産や，アダム・スミスの『国富論』に出てくる針の生産のように，それぞれの生産工程を分担しあって生産したほうが，一人ひとりが時計や針を完成する場合よりもはるかに能率的です。そしてマニュファクチャーのもとでは，分業しながら全体としては協働もしています。これを「**分業にもとづく協業**」と呼びます。単純な協業においても「分業にもとづく協業」においても，ともに個々の労働者を単純に集計した生産力の数倍以上の力が発揮されます。これを「**結合労働力**」と呼びます。

階級社会では労働関係は生産関係となる

　こうした「分業にもとづく協業」は生産活動だけではなく，社会そのものにもあります。この協業・分業関係が平等的であるか不平等的であるかによって，共同的社会になったり階級的社会になったりします。資本主義のもとでは資本がイニシャティブ（主導権）を握ることによって，「分業にもとづく協業」としての労働関係は「**資本＝賃労働**」関係としての生産関係（階級関係）に転化しました。「資本＝賃労働」関係のもとでは，「結合労働力」の成果は資本のものとなりますから，「**資本の生産力（生産性）**」という観念が発生してきます。また，連帯と協働という本来の「分業にもとづく協業」が，資本の指揮下で競争しあう関係に変化してしまいます。資本によって導入された機械によって労働がどのように変質したかについては次項で説明することにして，以上の**労働過程・労働関係・生産関係**の相互関係を図5-1で示しておきましょう。

労働者は機械によって働かされる
（機械制大工業）

　機械が導入され，それが蒸気によって動かされるようになると，個々の労働者の労働は機械を修理したり，機械と機械との間の製品を運んだり，機械そのものを動かしたり止めたりする補助的なものになります。いわば**労働者が機械に従属し，機械が生産の主体**となります。こうなりますと労働の創造性とか主体性は喪失してしまいます。労働者の熟練や経験，技能は大幅に軽減されますから，労働者を容易に解雇することができるようになります。労働者の熟練や経験，技能が必要とされなくなりますから，女性労働や児童労働に担われた単純な労働が大幅に採用されるようになりました。現代だったら小学校教育を受けなければならないような児童が炭鉱などで働いていたのです。ご承知のように，発展途上国の児童はいまだにこれと同じ境遇にいます。当時，世界の工場としてのイギリスの紡績工場においては圧倒的に多くの女性労働者が過酷な労働条件のもとで働いていました。安全性や衛生上劣悪な労働条件のもとで女性たちが働いていたわけですから，これは次世代の子供たちにも影響を与えるような状態でした。

図5-1　労働過程・労働関係・生産関係

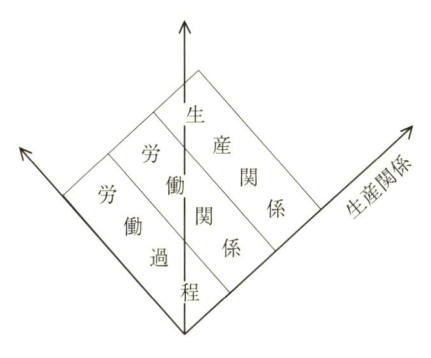

労働者はベルト・コンベアの速度にあわせて働かされる
（フォード・システム）

　20世紀になると生産工程にオートメーションが導入されます。労働者は自動的に動く生産工程（ベルト・コンベア）のスピードにあわせて労働しなければならなくなりました。ベルト・コンベアが要求する出来高が生産できるシステムでもあるのです。その結果，オートメーションのもとで労働はかえって単純労働化しました。チャプリンが演じた風刺劇（「ライム・ライト」）に出てくるように，流れ作業で毎日ネジを回していた労働者が街に出ると，

第5講　生産する人々の相互関係（生産関係）

通りがかりのご婦人のボタンを反射的につかんでしまうような労働になってしまったわけです。

情報通信革命下の生産

　1970年代の末に日本を中心として生産工程のマイクロ・エレクトニクス化（ME化）が進展しました。機械のなかにコンピューターが組み込まれ、機械が自動的に制御されるようになったのです。さらにコンピューターによる情報通信が発展し（IT革命）、人工衛星を利用したインターネットが飛躍的に発展してきました。そして世界的規模で生産工程がネットワーク化され、世界各地の部品（生産工程の一部）がコンピューターで指示されるように結合されるまでになりました（モジュール化）。このコンピューターによるネットワーク化は生活や社会活動全体にも普及し、ネットワーク社会を生みだしてきました。これが従来の生活様式・生産様式に計り知れない影響を与えることは確実です。

　しかし、これを手放しで歓迎することはできません。情報の発信者と受信者との間の情報処理能力の格差の問題があり、情報が一方的に操作されれば大変危険なことになります（かつてテレビによる「一億総白痴化」の危険性が指摘されました）。またコンピューターなりインターネット技術の独占の問題があります。われわれが日常的に使っている情報処理技術はアメリカン・スタンダードであり、高い利用料を支払っているわけです。日本はアメリカ一辺倒ですが、EUなどではアメリカン・スタンダードに対抗した独自の統一技術をつくろうとしています。

　さらに重大なことは、コンピューターが情報を処理するといっても、それに指示を与えているのは人間自身であり、コンピューター労働者です。自然と接することなく労働している生身の人間としてのコンピューター労働者の疲労度はかぎりなく激しいものです。このためにコンピューターで働いている人たちは若いときに離職していく割合が非常に高いわけです。労働者だけでなく、パソコンにのめり込んだ若者からオタク族が生まれてきました。

労働関係における管理・被管理の複雑化

　現代の企業は複雑な職制と職務規定によって管理されています。しかもピラミッド型の上下関係となっています。個々の労働者は実体のはっきりしない上から管理され、また下を管理している。個々人が管理者であり被管理者であります。こうした二重人格的存在の典型例がサラリーマン労働者です。彼らは一面では資本側に立った指揮・監督・命令者であるとともに、被雇用者として賃金労働者でもあるのです。みなさんの先輩たちも多かれ少なかれこうした「二重人格者」でしょう。まさにサラリーマンは気楽な家業ではなく、孤独な寂しい存在なのです。このように「分業にもとづく協業」関係としての労働関係は、労働過程一般としての生産力であるとともに、生産関係に転化する性格ももっていることに注意しておきましょう。

レポート課題「労働過程、労働関係、生産関係とは何であり、どう違い、どう関連しているか」

> **講評**　概念的な問題だったせいか、出来具合はよくありませんでした。今後の講義で繰り返し話しますので理解を少しでも深めてください。それでも面白い答えもありました。たとえば自分のアルバイト労働にそってそれぞれを説明し、かつ全体もまとまっていて感心したレポートがありました。

　　より深く学習するために
　　［1］カール・マルクス『資本論』（各種の訳本あり）第1巻第11〜13章
　　　　独占資本の支配のもとでの労働については、
　　［2］ブレーバーマン著（富沢賢治訳）『独占資本と労働』岩波書店、1978年
　　　　IT革命の経済社会に与える影響をめぐっては、
　　［3］経済理論学会編『グローバリゼーションの政治経済学』（年報第38集）青
　　　　木書店、2001年

第6講　社会システム

　第5講は生産するにあたっての人々の関係（**生産関係**）を説明しましたが，第4講はその生産活動（**生産力**）を多面的に説明しました。そして労働関係は「分業にもとづく協業」関係であることを述べました。こうした分業と協業は社会そのものにもあり，生産する人，経営する人，政治をする人，芸術活動をする人，教育する人などの分業によって成り立っています。第5講はその分業関係を階級としてとらえ，**資本家階級**と**労働者階級**，その中間的な諸階層から成り立つ（第2講）ことを話しました。社会はこのように分業と協業から成り立ってきました。

社会システム

　それでは，社会とはどのようにつくりだされているのでしょうか。第2講で，自然・人間・社会を問題にしたときに，社会システムいう考え方を紹介しました。図2-1を参考にしながら，この社会システムをもっと全体的に説明してみましょう。

　第4講で説明したように，生産活動としてまず本源的（自然的）生産と人間的生産がありました。人と道具との関係（**労働過程**）や人と人との関係（**労働関係**そして**生産関係**）のもとで本源的（自然的）・人間的生産がおこなわれます。この分野を**経済的土台**と呼んでおきます。

　この経済的土台を基礎としてその上にさまざまな**社会制度**や**思想**が成立しています。たとえば教育制度，政治制度，軍事・治安制度，宗教団体，マスメディアなどです。日本の諸制度は，基本的には日本国憲法で規定されています。その制度の上に思想，たとえば宗教，文化，芸術，科学研究活動などが存在しています。仏教やキリスト教やイスラム教などの宗教も，ある時代にある地域の人々がつくりだしてきたものであり，結局は人間が創造したも

のです。さらにさまざまな科学・技術や学問があります。経済学という学問も，社会科学の一つとしての思想体系であり，かつ理論体系です。しかもこれらの領域はバラバラに存在しているのではなく，相互に関連しあっています。すなわち制度や思想は，経済的な土台に規制されながら，逆に経済的基礎を規制しているのです。思想なしには，どのようなものをつくったらよいかわかりませんし，思想なしに生産するだけならばロボットと変わりないわけです。人間は頭脳を使って目的意識的に生産するのです。**制度や思想の領域を上部構造**といい，**土台と上部構造を合わせて社会システム**と呼びます。強いていえば，人が生きていくためには，本源的自然との直接的な対決があるという意味で，経済的土台が根源的であるといえるでしょう。しかし以上の説明のかぎりでは，社会システムを広義の生産活動（生産力）の面から規定しているにすぎません。現実には，その生産活動は生産関係と絡みあっているし，さらに思想活動（イデオロギー）とも絡みあっています。社会システムはそうした立体的関係において総体的にとらえなければならないのです。そこで次項では，生産力と生産関係とイデオロギーの立体構造を説明しておきましょう。

生産力と生産関係とイデオロギーの立体的構造

　生産力次元と生産関係次元についてはすでに説明しましたので，イデオロギーの世界について簡単に説明しましょう。イデオロギーの世界を三段階に区分して示せば，図6-1のようになります。「原初的形態」とは生身の人間が直接体験する感性の世界といってよいでしょう。あるいは**物象化**にとらわれている人間が事物に対していだく**物神性**の世界といってもよいでしょう。高島善哉はこの世界を「イデオロギーの巣源」と呼びました。「潜在的形態」とは感性から理性へ転化した世界であり，**市民社会**の**生産力体系**として実現

図6-1　イデオロギーの形態

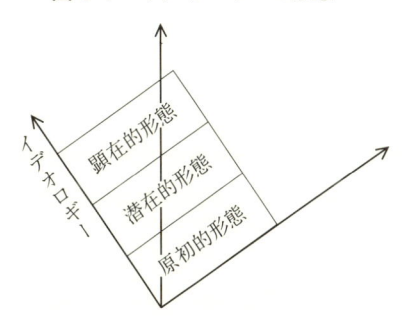

（イデオロギー／顕在的形態／潜在的形態／原初的形態）

図 6-2　生産力・生産関係・イデオロギーの立体構造

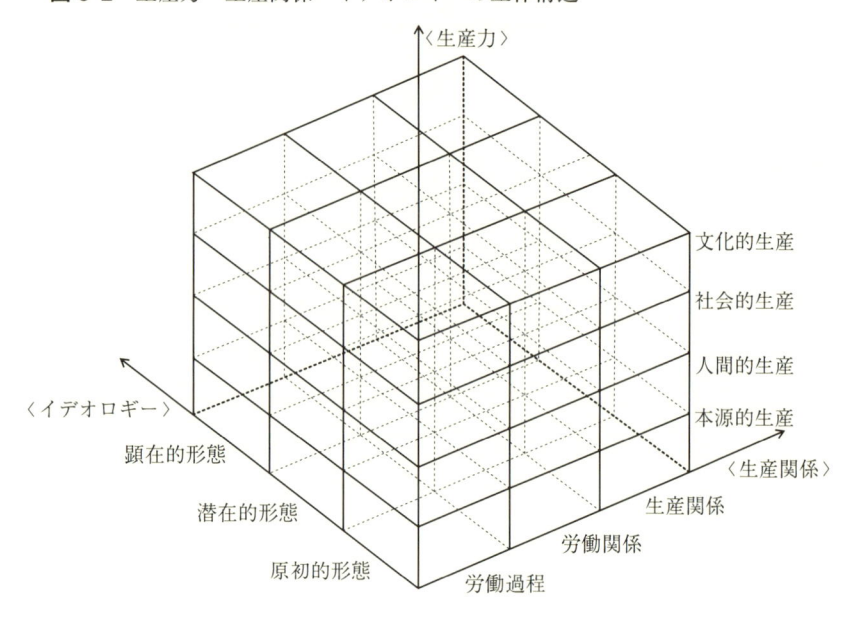

〈生産力〉
文化的生産
社会的生産
人間的生産
本源的生産

〈イデオロギー〉
顕在的形態
潜在的形態
原初的形態

〈生産関係〉
生産関係
労働関係
労働過程

している認識活動としておきましょう。しかし現実の社会は資本主義社会ですから，「資本＝賃労働」という生産関係によって包摂され，また転倒されて虚偽化したイデオロギーとなっているのです。この段階を「顕在的形態」と呼んでおきます。この虚偽性を解明する経済学研究もその領域に属します。

　生産力次元と生産関係次元とイデオロギー次元がそれぞれ規定されたので，それを三次元において立体的に関係づければ図6-2のように表現することができます。生産力と生産関係の次元において，諸々の生産とその過程での人間の実践活動とその相互関係が組み合わされて，多種・多様な生産活動が示されています。これにイデオロギーの次元が加わることによって，それぞれの人間の実践活動から生まれる意識や認識，逆に意識や認識が実践活動を規制する関係が明らかにされねばなりません。また，イデオロギーの「原初的形態」→「潜在的形態」→「顕在的形態」へと発展していく過程を追跡することも重要な課題となるでしょう。図において，たとえば生産力次元の本源的生産（1階の部分）と生産関係次元の生産関係で区切られるフロアは資本の

価値増殖の世界です。そのイデオロギー形態は三つの部屋（原初的・潜在的・顕在的）に区切られます。イデオロギーの顕在的形態においては，資本の価値増殖運動が隠蔽化され，あたかも平等な関係であるかのごとくに描く「三位一体説」のような虚偽の意識となるのです。ともあれ，社会システムは人間の実践活動を中軸として立体的に理解しなければなりません。

共同社会から階級社会へ

　社会システムを考えていくうえにおいては，共同性ということがまず大切です。人類の歴史は共同体的な社会でした。原始時代の人類は自然との厳しいたたかいに直面しており，そのために共同的な生産や生活をせざるをえませんでした。マンモスならマンモスを殺してそこから食物やさまざまな武器を得るためには，1人ではできず必ず集団的に狩りをせざるをえなかったわけです。寒さや風雨から身を守るためには，洞窟のなかで共同生活をせざるをえず，集団から離れて1人で生活しようとしてもできなかったわけです。そして獲得した食べ物などは，老若男女を問わず平等に分配しあわなければならなかった。こうした共同性を自然とのたたかいによって強制されていたのです。

　しかし，だんだんと生産力が高まりサープラス（次項で説明する）が発生するようになってくると，働かなくても食べていける人々が生じてきます。人々は欲望を強め，他人を支配してやろうというような野望にとりつかれ，しだいに共同的社会から階級的な社会へと変化していきます。しかし生産力はまだ非常に低い段階ですから，自然を崇拝するような考え方にとりつかれる。また，カリスマ性のある人や神秘的な予知能力にたけた人は，宗教的な行事に携わるようになる。狩猟採集の時代においては大切な生き物たちが崇拝の対象ともなりました。さらに発展して，食物をつくる農耕時代，あるいは動物を飼育していくという牧畜時代になる。こうした流れのなかで家族が形成されてくる。この家族を中心として血族集団が形成され，氏族的な社会になる。そうするとこうした家族や血族や氏族をまとめる統一的な組織が必要となる。ここから国家が形成されてくるのです。

このようにして，私有財産や家族や国家が発生してきますが，5000年ほど前には，4大文明地域といわれるナイル川，チグリス・ユーフラテス川，インダス・ガンジス川，黄河流域に，国家をもつ4大文明が発生しました。だから国家の歴史というのはたかだか5000年くらいであり，それ以前には共同的な社会が続いていたのです。しかし，国家による支配社会になったからといって，共同性が消滅したわけではありません。国家は支配しながら，共同的な活動をもせざるをえなかったのです。同時に，支配する者と支配される者との区別が存在するようになります。みんなが支配したり，みんなが支配されたりするのではなかったのです。

再生産とサープラス

このように共同的な社会から階級的な社会に移行する契機は何だったのでしょうか。**サープラス**が発生したからです。きょうは新しいこの概念を説明しましょう。あるモノをつくるためには**生産手段**（**労働対象と労働手段**）と働く人（**労働力**）がまず必要です。生産された生産物の一部は，使った生産手段を補てんするために回さなければなりません。たとえばモミからイネをつくり，イネを田植えしコメが収穫されたなら，そのコメの一部は翌年用のモミとして残しておかなければなりません。さらに生産物の一部は，直接生産した人が食べていかなければならない。もしも，補てんする部分と直接生産した人が消費する部分しか生産されなかったならば，次の年に生産を拡大させることはできません。同じ規模の生産が繰り返されるだけです。これを**単純再生産**といいます。生産手段を補てんしてなお余る生産手段，および，直接生産した人が消費する部分を超えて生産される生活手段を合計したものが**サープラス**（**余剰生産物**）となります。

生産手段と労働力が投下されて生産物（生産手段と生活手段）が生産されます。ここでは生産手段は，たとえば鉄のように両部門（生産手段と生活手段）で共通に使用でき，かつ生産手段は1回の生産によって補てんしなければならないと想定しておきましょう。**生産手段**と**労働力**の投下（投入）と産出との関係はつぎのように表現できます。

生産手段を生産するための生産手段（K_1）と生産手段を生産するための労働力（L_1）の投入→生産手段（W_1）が生産される

生活手段を生産するための生産手段（K_2）と生活手段を生産するための労働力（L_2）の投入→生活手段（W_2）が生産される

直接働いた人たち（労働力）が1人あたり消費する生活手段をω（**実質賃金率**という）とすれば，来期の生産を拡大するために回せる生産手段は（$W_1-K_1-K_2$）となります。これを**余剰生産手段**と呼びます。直接働かなかった人たちに回せる生活手段は $\{W_2-\omega(L_1+L_2)\}$ となります。これを**余剰生活手段**と呼びます。余剰生産手段と余剰生活手段を合わせたものがサープラス（余剰生産物）となります。以上説明したサープラスの概念については，しっかりと覚えておきましょう。

レポート課題「サープラスはだれが生産し，だれが取得したか」

> **講評** じつはこのテーマは次回お話しするテーマです。レポートの意図は，サープラス概念をしっかりと覚えてほしいということです。だからもう一度復習しておいてください。このサープラスの生産と取得の違いによって社会が区別され，唯物史観では，原始社会，奴隷制社会，封建制社会，資本制社会となります。その内容は次回お話ししましょう。

より深く学習するために

生産力と生産関係とイデオロギーの立体構造については，

[1] 高島善哉『時代に挑む社会科学』（著作集第9巻）こぶし書房，1998年

[2] 拙稿「生産力と生産関係とイデオロギー——高島善哉『時代に挑む社会科学』の整理と展開の試み」『東京経大学会誌』第227号（2002年1月）

再生産の構造とサープラスについては，

[3] 拙著『経済学原論』青木書店，1996年，第8章

第7講　社会の歩み

人間は自然の恵みを享受し共同で生活した（原始社会）

　社会の構造なりシステムについては第6講で話しました。**最初の社会は原始社会**であり，これをエンゲルスは原始共産制社会といいましたが，意識的に共同性をとったとは必ずしもいえません。大雑把にいってこの社会は，いまから5000年くらい前までの社会であったといってよいでしょう。4大文明が誕生し，奴隷制的な国家が成立する以前の時代までと考えてよいと思います。最初に地上に降りた人類は，道具を使いながら採集や狩猟や，さらに農耕の生活を送ってきました。まさに，自然の猛威との熾烈なたたかいの時代であり，つねに生きるか死ぬかの瀬戸際に立たされていました。したがって，人類は集団的に行動する以外には滅びる危険性に直面していたのです。それゆえに，共同的な生活を自然強制的に選択せざるをえなかったわけです。みなさんのレポートにもあったように，1人でマンモスを倒すことはできません。石や槍や弓を使って，マンモスと集団的にたたかわざるをえなかったのです。**エンゲルス**の『**家族・私有財産・国家の起源**』は当時の**人類学者モルガン**の説を基礎において書かれています。100年以上前の人類学の知識ですから，これには修正も必要でしょう。母系制社会から父系制社会へ，そして氏族制社会となり，それが変質し，やがて奴隷制国家となったといわれます。しかし，奴隷制社会が普遍的に存在したかどうかは疑わしいところです。またエンゲルスは共産制社会と呼びましたが，すでに指摘したように，意識的に共産制をとったとはいえないでしょう。たしかに，生産と消費は共同で平等に分配されましたが，むしろそれは自然発生的に強制された生活形態であったようです。採集・狩猟の生活から，じょじょに時間をかけながらの農耕・牧畜社会が到来します。それにともなって前講で説明した**サープラス**も形成されるようになります。

階級社会への移行

　サープラスの発生は階級社会へ移行する物質的基礎ではありますが、サープラスの発生イコール階級社会の誕生ではありません。人々の消費水準が増大すればサープラスは減少したかもしれませんし、サープラスが共同体どうしで交換されあうこともあったでしょう。しかし、農耕・牧畜社会になると人々は定着するようになり、生産活動以外の専門的職業に分かれていきました。大規模な土木工事や他民族から自分たちを防衛しさらに侵略するための統治機関として国家が形成されてきます。こうした**非労働階層を養うためにはサープラスが必要不可欠**となるのです。こうした社会全体の分業関係が固定化し世襲化していくことによって階級社会に移行していきます。ある民族が他民族全体を支配するようになったケースもあるでしょう。

人（奴隷主）が人（奴隷）を支配するようになった（奴隷制社会）

　この社会では、「自由人」としての奴隷主は奴隷が生産したサープラスで生活しました。奴隷は全人格ごと奴隷主の所有物であり、経済的には家畜と同じ身分でした。典型的な**奴隷制社会**が成立したのはエジプトであったといわれますが、あの壮大なピラミッドは奴隷が王様のためにつくられたものでした。ギリシャ・ローマ時代の民主主義政治も奴隷労働の搾取によって成り立っていました。アジアでは奴隷は存在しましたが、封建的要素や共同体的要素とミックスした独特の社会が形成されました（**アジア的生産様式**）。古代日本は大和政権（天皇制）が支配しましたが、律令体制下の奴隷階層は奴婢（「半人半物」）や賤（陵・官戸・家人・公奴婢・私奴婢）であり、全人口の約1割にすぎませんでした。圧倒的人口は班田農民であり、中世の農奴に近かったと考えられます。

殿様（領主）が農民（農奴）から年貢（封建地代）をとった（封建制社会）

　ヨーロッパでは古代ローマ帝国が崩壊しゲルマン的土地所有が支配的となって**封建制社会**に移行しました。日本では天皇制下の貴族社会から武士が支配する社会への移行です。武力で土地を支配している殿様（領主）が、農地

を占有し耕作している農民（農奴）が生産するサープラスを，年貢（封建地代）として取り立てた。あるいは直接に領主の耕地や山でサープラス労働をして提供した（賦役労働）。日本の戦国末期の兵力は農民から徴集されていましたし，また合戦があるたびに支配下に入る農民たちが「奴隷」として連れていかれたといいます。しかし，商品・貨幣経済が都市から農村へと浸透していくことによって，封建的身分関係も弛緩し，やがて封建制社会が崩壊していきました。

賃金労働者は封建的身分関係から解放されたが，生産手段から排除された（資本制社会）

　封建的な身分関係（江戸時代の「士・農・工・商」のようなもの）から農民や職人や商人は解放され，自由に職業を選択して移住できるようになり，婚姻関係も自由になりました。そうした意味では近代市民社会（資本主義）は人間解放のための巨歩を踏みだしはじめたことになります。しかし彼らは同時に，生産手段からも「解放」されました。すなわち，独立自営の生産者は，生活をするために必要不可欠な農地となにがしかの商売道具や資金を喪失したり奪われたりしたのです。彼らは働く能力，すなわち労働力に頼ってしか生活できなくなりました。賃金労働者に「転落」したのです。この賃金労働者の形成過程を原始蓄積過程と呼び，第12講で説明します。

レポート課題「唯物史観にもとづく社会の歩みについての感想を述べなさい」

講評　感想ですから，賛成・反対どちらでも自由に書いてくれればよかったわけです。こうした考え方には反対だとか嫌だという意見もありましたが，社会をサープラスをもとにして区分しましたから，なかには唯物史観はモノによって区別していく歴史観だ，と理解した人たちも何人かいました。サープラスというのは，土台としての経済活動が生みだすものであり，社会全体は前にも説明したように，人間を中心として自然と制度と思想が一体となって構成されているシステムです。古代から現代にかけて，思想や制度や精神というものがど

のように変わってきたかということは非常に重要なことであります。唯物史観とはモノの歴史ではない（タダモノ史観ではない），ということは申し上げておきます。なかには広辞苑を引用して，唯物史観とは究極的に経済的土台が規制していくと考える歴史観だという答えもありました。経済活動が基礎だという意味においては究極的にはそういえるでしょうが，むしろ大事なことはそれぞれの分野が相互規制的であり，これを総体としてとらえることが重要だと思います。それぞれの分野に自然・人間・経済・社会・思想が入り込んでおり，またそれぞれが影響しあっている。そういう関係として理解すべきでしょう。

より深く学習するために
　唯物史観の諸問題については，さしあたり，
［１］拙著『経済学原論』青木書店，1996年，第３章

[Ⅱ]
資本主義経済の基礎概念

第8講　労働生産物は商品となる

　きょうから資本主義経済の説明に入っていきます。まず商品から説明しましょう。

商品とは何か

　英語でいえば commodity でありドイツ語では die Ware です。現代社会のことを**資本主義社会**，その経済的な側面のことを**資本主義経済**といいますが，正確に表現するならば**資本制商品経済**というべきです。たんなる商品経済ではなく，資本制商品経済です。マーケット・エコノミー（**市場経済**）といいかえてもよいでしょう。資本という主体によって商品経済が包摂されている，あるいはリードされている。したがって資本主義経済を知るためには，商品経済とは何か，すなわち商品や貨幣とは何かを知る必要があります。つぎに資本制という場合の，資本とは何かということです。いいかえれば，**商品，貨幣，資本**をどう理解するかです。まずきょうは，商品とは何かを説明します。

　私たちがモノを使うのは，何かの役に立つからです。この役立ちのことを**効用**とか**使用価値**といいます。いわゆる衣食住を満たすという場合に，それぞれが人間にとって固有の役割を果たしてくれます。食物の場合でも，コメ・ソバ・ラーメンそれぞれ違う効用を発揮してくれます。モノを大きく分類すると，自然物と労働生産物に分かれます。自然物とは自然のまさに恵であり，私たちは自由にタダでそれを獲得し満喫することができます。そういう意味でこの自然物は**自由財**とも呼ばれます。それに対して労働生産物は**労働**によって得られるものであり，**経済財**と呼びます。この経済財が商品となります。商品とは，市場に持っていって貨幣と交換に売る労働生産物であり，あるいは逆にいいかえれば貨幣を持っていってマーケットで買ってくる労働

生産物であります。しかし，労働生産物がすべて商品となるわけではありません。たとえば南海の孤島で生活しなければならないロビンソン・クルーソーにとっては，1年間に必要とするモノは自分で働いて調達しなければなりません。こうした経済のことを**自給自足の経済**といい，そこではモノは労働の成果として労働生産物であるわけですが，マーケットで交換される商品となっているわけではないのです。現代においても，朝市のようなところでは，魚をとった人と野菜をつくった人が集まり，現物を交換するということがおこなわれています。こうした場合にも，生産物は商品となっているとはいえません。こうした世界は**物々交換**の世界です。

　これに対して，貨幣を媒介として売り・買いする場所が市場です。このように経済体制といってもいろいろな体制があるわけです。われわれの日常生活においても，商品として手に入れるモノもあれば，自給自足によって調達してくるモノもあるわけで，また贈与というような形で提供しあうモノもあります。自分で生産したモノを家族や親戚や地域の人々に提供しあうわけです。こうした行為は市場経済とはいいません。しかし，私たちの日常生活において使うモノは圧倒的に商品であるといえます。たとえば朝，目覚まし時計で起きるとすれば，その時計はどこかのメーカーがつくったものを使っているわけです。さらに電気をつければ，電力会社の電気を消費しているわけです。それに対しては使用料として貨幣を支払いますし，洗面所でひげを剃ったり歯を磨いたり顔を洗ったりすれば，まず水を使いますが，これは水道局に料金を支払います。ひげを剃るためには電気メーカーがつくった電気カミソリを使う。歯ブラシや歯磨き粉もやはりメーカーがつくったものです。食事の前にコーヒーや紅茶やお茶を飲むなら，そのコーヒーはブラジルの農場でつくられたものであったり，紅茶はセイロンあたりでつくられ日本に輸入されてきたものです。緑茶を飲むとするならば，日本のどこかの茶畑でつくられたものを消費するわけです。食事をする前にこれだけのモノを商品として使用しているのです。みなさんも1日の生活のなかでどれだけの商品を使っているかを一度調べてみるとよいでしょう。現代の世界経済では**グローバリゼーション**のもとで，発展途上国がますます商品経済に巻き込まれてい

き，商品化が浸透しています。それが望ましいことであるか否かは，別の判断が必要です。

なにゆえに商品となるのか

それではまず，労働生産物はなにゆえに商品になるのでしょうか。歴史的いえば，商品は共同的な生活を営んでいるなかから生まれてくる**サープラス**（**余剰生産物**）が交換されることによって発生してきました。こうした商品交換は，4大文明の時代からすでに始まっていたといわれます。しかし理論的に考えるならば，なぜ商品経済が必然化したのか。その答えのなかに商品経済の特質が隠されているといえます。さきほどのロビンソン・クルーソーのような自給自足の世界，あるいは共同体的な生活を営んでいる社会においては，商品は生まれてきません。

まずどのような社会であろうとも，さまざまな必要物（たとえば衣食住のような生活必需品やそれらをつくりだす道具などの**生産手段**）を生産活動によって満たしていかなければならないことは当然のことです。ロビンソン・クルーソーの世界でしたら1年間に彼が働ける労働時間，共同的な社会ならば働く人の数と働く時間をかけた1年間の労働時間，資本主義社会ならばやはり1年間に必要な労働時間があります。これを**総労働時間**と呼びます。この総労働時間を社会が必要とするモノの生産に配分しなければなりません。このことを**総労働時間の比例的な配分**といいます。なぜ比例的な配分かというと，必要物には相互のバランス関係があり，たとえば食べ物に多くの時間を割いてしまえば衣服や住居が不足しますし，逆ならばまた食糧が不足してしまうことになります。ある時代ある社会においては必要物の相対的なバランスは決まっているわけで，その時代や社会の必要に応じて比例的に労働時間を配分しなければなりません。こうした労働時間の比例的配分はあらゆる社会において実現されなければならないものです。これを**経済原則**と呼びます。

しかし，その配分の仕方は経済システムが違うことによってそれぞれ違った方法でおこなわれます。共同体であったならば，生産を開始する前に今年はあれやこれらを多く生産しようということを協議で決定して，それに必要

な人や原料や道具を回すことになります。ロビンソン・クルーソーの世界であったならば，彼個人があるいは彼の家族が，それぞれの必要量を決め，それに時間や道具や原料を配分します。ところが商品経済では，全体として必要とされるモノを，生産する時点においては知ることができません。個々の生産者は，過去の経験をもとにしながら，個々バラバラにあるいは私的に生産しているにすぎないのです。

　商品経済の第一の特徴は，社会的分業体制のもとで生産しているということです。**社会的分業**とは前にも説明しましたように，人々はある特定の生産に専門化しており，その生産物は基本的には他人に消費してもらうためのものでした。また自分たちが必要とするモノは，どこかのだれかがつくるモノです。さらに，社会的分業はどのような仕方でおこなわれるかといえば，共同的に生産手段を所有しているのではなくて，私的に生産手段が所有されている**私有財産制**のもとでおこなわれます。協同組合組織の場合には，資金を出資しあい，生産物の分配や利益の配分にあずかります。ところが第二次世界大戦後の日本の農業は自営（自作）の農業ですから，自分で土地や畑やあるいは農業機械を持ち，生産された農産物はいろいろなルートをとおして商品として売られ買われていきます。工業製品をつくる企業を考えた場合，その企業に株主は出資していますが，企業全体が全株主によって共同的に所有され経営されているわけではありませんし，まして国民が株主になっているわけではありません。企業はあくまでも私的に所有されています。このように，**社会的分業が私的所有のもとで営まれているのが商品経済**の特徴です。

　ですから，たとえばコメや野菜や，あるいはコンピューターをつくる個々人や企業は，個々バラバラにというか私的に生産せざるをえないのです。協同で協議して生産するか，1人の人間が自分の頭のなかで計画的に配分するというのではなく，むしろこうした配分主体は欠如しています。生産する労働に即していえば，個々の労働はあくまでも私的な労働にすぎません。私的な労働ですから，社会全体で必要とする有用な労働であるということはわからないわけです。ですから生産物を市場に持っていき，そこでなにがしかの貨幣と交換され，その結果なにがしか社会的に有用な労働だということを確

認することによって，社会的な労働として評価されるという関係にあります。いいかえるならば，こうした市場や貨幣を媒介とすることによってはじめて，労働の社会性を実現していかざるをえないということなのです。いわば選挙にたとえてみれば，どれだけ選挙民が支持しているかどうかは，選挙の投票結果によってしかわからないということです。それにしても，選挙が正しく民意を反映しているかは疑わしいことです。商品は，市場においていくらで売れるかということによってはじめて社会の必要を知ることができます。いいかえるならば，商品の値段（価格）が上がれば，社会がもっとその生産物を必要としていたのだとわかり，逆に価格が下がるならば，社会が必要とする以上に生産してしまったということが，事後的にわかるわけです。**価格の動きが社会全体の必要を教えてくれる**という関係にあるのです。

　個々人の労働のことを**私的労働**といい，社会全体が必要とする有用労働のことを**社会的労働**といいます。この両労働が商品経済のなかでは対立しているのです。個々の生産者どうしは私的に労働をしているのですから，それが市場において売り買いされることをつうじて社会的労働として評価されます。ですから，生産者どうしは生産の時点で協議し計画的に生産しているのではなく，商品や貨幣というモノを媒介として事後的に間接的に結びつけられることになります。たとえば，自動車をつくる日本の自動車工場の労働者と，コーヒーをつくるブラジルの農園の労働者とは，自動車とコーヒーの交換をとおしてはじめて世界的な分業体制のなかでお互いに有用な生産物を生産しているということを知ることができるのです。世界的な社会的分業が私的所有制のもとでおこなわれるがゆえに，両国の労働者は直接に結びつくことはできず，国際市場での貨幣を媒介とした交換関係によってはじめて事後的に，社会的に有用な労働だということを証明しなければならない。逆にいえば，自給自足の経済や共同的な社会においては，生産する時点において有用な労働であることがわかっているから，労働生産物は商品化する必然性はないといえるのです。

商品の二要因と労働の二重性

　それでは最後に，この商品はどのような性格をもつかについて話しましょう。ここでは，1戸建ての住宅と10台の自動車が交換される例を取り上げてみましょう。

　　　　1戸建ての住宅＝10台の自動車

　住宅や自動車はそれぞれ違う有用性をもっていて，住宅ならば休養したり自然から身を守ったり家族の憩いの場としての機能を発揮します。自動車は位置を変換させるのが基本的な機能といえるでしょう。こうした個々の商品特有の有用性なり役立ちのことを**使用価値**と呼びました。商品の物理的・化学的性格が違えば，それぞれ違う役立ち方をします。ですから商品の使用価値は，商品の種類に応じて存在するということになります。しかし，使用価値が違う住宅と自動車が1戸と10台という比率でもって交換されるのはなぜか。使用価値は異なるが，そこに何か共通なものがあると考えざるをえません。この共通物が**価値**です。1戸の住宅と10台の自動車の生産に等しい労働が投下されていると考えるのが**労働価値説**です。このように，**商品には使用価値と価値いう二つの性格（二要因）**があることになります。

　このことを生産活動において考えてみましょう。人々は，道具（労働手段）を使い原料（労働対象）を加工し新しい生産物をつくりだします。住宅なら建築労働者がつくりだし，自動車なら自動車工場のなかでの組立労働者がそれぞれの設計図をもとにして目的意識的につくっています。組立労働者に住宅をつくらせたならば，自動車のような住宅ができてしまうでしょうし，建築労働者に自動車をつくらせたならば，住宅のような自動車をつくってしまうでしょう。こうした具体的な有用物をつくりだす労働のことを**具体的有用労働**と呼びます。しかし同時に，それぞれの労働は社会が必要とする有用な労働であり，その意味において平等な労働でもあります。具体的ではない一般的な労働，また等しい人間労働でもあるわけですから，この労働の側面（性格）を**抽象的人間労働**と呼びます。ちょうど私たち人間がそれぞれ個性をもち，また男であったり女であったり，あるいは日本人であったり外国人であったりしてそれぞれ異なっていても，等しく人間として存在しているの

と似ています。具体的有用労働と抽象的人間労働のことを労働の二重性と呼びますが，これを価値と使用価値に関連づければ，具体的な有用効果たる使用価値を生産している労働は具体的有用労働であり，等しい共通物たる価値をつくりだしているのは抽象的人間労働ということになります。

レポート課題「商品経済の特徴を自給自足の経済や共同社会との対比において説明しなさい」

> **講評** このテーマはきょうの講義の復習でもあったわけですが，商品経済の特徴とは，社会的分業が私的所有制のもとでおこなわれることにありました。ロビンソン・クルーソーのような自給自足の世界では，1年間の総労働時間となにがしかの道具（生産手段）を目的意識的にいろいろな生産物の生産に配分しました。生産するにあたって，ある必要物を満たすための生産ということがあらかじめわかっていたわけです。共同的な社会であれば共同生産ですから，あらかじめ必要とするモノのためにどれだけの労働時間や道具などの生産手段を回せばよいかということは，協議して決定しておくことができました。ところが商品経済では，個々の労働は私的な労働であり，どれだけ社会が必要とする有用な労働であるかはわかっていません。生産物を市場に持っていき，そこでなにがしかの貨幣なり商品と交換することによってはじめて，社会的に必要な有用な労働だということを事後的に知るのです。いいかえれば，私的労働と社会的労働とが対立しているがゆえに，労働生産物は商品とならざるをえないといえます。レポートの多くは商品経済の特徴をおおむねつかんでいましたが，なかには自給自足の経済と共同社会を同じようなものとしたり，自給自足の経済が拡大して共同社会になるとする答えもありました。しかし共同社会は自給自足の経済とは違います。また社会的分業が共同的・協議的におこなわれる点において商品経済とも違います。

より深く学習するために

　本講のオリジナル文献として，
　［1］カール・マルクス『資本論』（各種の訳本あり）第1巻第1章

第8～10講，第16～18講は通常マルクス経済学系統の経済原論で説明されますから，ここで，つぎのような文献を紹介しておきます。

［２］佐藤金三郎『資本論研究序説』岩波書店，1992年
［３］置塩信雄・鶴田満彦・米田康彦編『経済学』大月書店，1988年
［４］高須賀義博『鉄と小麦の資本主義』世界書院，1991年
［５］大内力・大内秀明・戸原四郎『経済学概論』東京大学出版会，1966年
［６］野々村一雄編著『経済原論』新評論社，1978年
［７］種瀬茂『マルクス経済学』春秋社，1966年
［８］富塚良三『経済原論』有斐閣，1976年
［９］佐藤金三郎編著『マルクス経済学』青林書房新社，1980年
［10］常磐政治・井村喜代子・北原勇・飯田裕康『経済原論』有斐閣，1980年
［11］宇野弘蔵『経済原論』上・下，岩波書店，1950・52年（著作集第１・２巻に収録）
［12］大内力『経済原論』上・下（大内力経済学大系第２・３巻），東京大学出版会，1981-82年
［13］大谷禎之介『図解・社会経済学』桜井書店，2001年
［14］富塚良三・服部文男・本間要一郎編『資本論体系』１～10，有斐閣，1985-2001年

　［1］の全3巻はその後のマルクス経済学の出発点になっています。［2］は『資本論』成立史の研究を集大成したものであり，宇野学派の批判でもあります。［3］から［5］はそれぞれの立場から経済学の体系（概論）を展開したものです。［6］から［10］・［13］は『資本論』の構成にしたがった説明であり，［11］と［12］は宇野学派の「原理論」です。［14］は『資本論』を体系的に解説し論争を集大成的に整理したものです。

第9講　商品世界が貨幣を生みだす

マネーの種類

　現代においてマネー（貨幣）として何が使われているだろうか？ みなさんに聞いてみましょう。

　　答え　　　身の回りに持ち歩くもの。
　　コメント　それはどういうものですか。
　　答え　　　小銭やお札。
　　コメント　**鋳貨**や**紙幣**ですね。これらのものは現金（キャッシュ）といいます。キミが持っている紙幣や鋳貨の裏に何が書いてあるか，答えてください。
　　答え　　　日本銀行券と日本国です。
　　コメント　そうですね。

　昔は，日本銀行券は金（きん）と交換（兌換（だかん））できました。「一円玉の旅ガラス」という歌がありますが，1円玉から500円玉のことを鋳貨と呼びます。これも昔は金貨であり，銀貨や銅貨でもありました。金貨ならば，それを溶かして金の延べ棒にしても金貨と同じ価値をもっていましたが，江戸幕府は財政収入を増やすために，絶えず金貨に含まれる金の量を減らしてきました。金の量を増やすような政府はどこにもありませんでした。鋳貨に含まれる金の量を減らしていくことを金貨の悪鋳と呼びました。金貨は現在でもつくられています。たとえば，昭和天皇在位記念の金貨が発行されましたが，それを鋳つぶした金の値段は記念品としての金貨の値段よりもはるかに低いのです。現在は，金が貨幣として機能している**金本位制**ではなく，**管理通貨制**になっています。あるいは，日本銀行券は金と交換されないという意味で，**不換銀行券制度**といいます。

　現金貨幣は私たちの日常生活において直接使われます。日常使う貨幣とし

てはそのほかにクレジット・カードや電子マネーがあります。たとえば、電子マネーとは、JRのスイカと同じ磁気テープのようなもので、これははじめに現金で支払っておいた金額をあとで使っているようなものです。クレジット・カードの場合には、サインをして商品を先に手に入れるわけですが、一定期間後に自分の預金から自動的に支払われます。ですから、銀行の預金も貨幣の役割を果たしていることになります。私たち消費者の使う預金は普通預金や通知預金といい、要求があればすぐに引きだすことのできる預金です。それに対して商売する人たちは、お互いに手形を振りだしあって商品を売り買いします。これを現金取引と区別して信用取引といいます。受け取った手形と振りだした手形の金額の差額は、当座預金として預金されているところから引きだされます。あるいは小切手を振りだした場合には、その小切手がこの当座預金から支払われます。預金のなかには、一定期間預けて利子を得ることを目的とした定期預金があります。**現金通貨、要求払い預金、定期預金に譲渡性定期預金（郵便局や農・漁協、信用組合、労働金庫の預貯金と金銭信託、貸付信託の元本）を加えた額を国の通貨供給量（マネー・サプライ）と呼びます。**

　貨幣がどうして発生したかといえば、歴史的には商品交換をスムーズにおこなうために貨幣がつくりだされたといわれています。物々交換では商品交換が全面化しないからです。しかし最近のメソポタミア地域などの貨幣経済の研究によれば、貨幣は債権債務関係（貸し借り）の支払いをするために使われたということです。メソポタミアでは小麦で支払いがされたといわれますが、日本でも出挙のようにおコメの貸し借りがあり、それがやがて貨幣での支払いに発展したのでしょう。ともかく、貨幣の歴史的な発生については今後もっと研究が進んでいくと考えられます。

貨幣はどのようにして生まれたか

　つぎに、貨幣がどのようにして生まれてきたのを金本位制を前提にして説明してみます。前講で話した商品との関連において説明しましょう。結論からいいますと、金本位制のもとでは金という商品が貨幣となるのです（**商品

貨幣説）。前講では，以下のような等値関係を想定しました。
　　1戸建ての住宅＝10台の車
　建築労働者が住宅をつくり，自動車工場の労働者が車をつくる。住宅や車はそれぞれ違う有用効果を発揮し，異なった使用価値をもっていました。それが1戸と10台という比率で交換されるということの背後には，何か等しい共通物があるからでした。この式を子供が見たら，なんで住宅と車が等しくなるのか不思議に思うでしょう。長さとか重さとか体積が共通していると考えるのは子供たちの算数の世界です。しかしその共通なものを重さとしても，そんな交換をする愚か者はいないわけです。**労働価値説**というのは，住宅や車をつくるのに必要なさまざまな労働量が等しいと考え，その実体を使用価値から区別して価値と呼んだわけです。
　きょうは，商品の使用価値と価値から出発して，この等値関係は何を表現しているのかを考えてみましょう。この式によって商品の価値が表現されているのです。これは，『**資本論**』という書物を書いた**マルクス**の天才的な洞察といってよいでしょう。じつはこの簡単な式のなかに貨幣が発生してくる秘密があります。この式は単なる交換の結果を示しているだけではなく，左側の住宅の価値が10台の車という他の商品の使用価値量によって表現されているのです。この価値表現においては両辺の商品は異なった役割を演じています。左辺の住宅は自分の価値を表現してもらっている商品であり，このことを**相対的な価値形態**にある商品といいます。それに対して右辺の車は，住宅という他の商品の価値を表現してやっており，**等価形態**にある商品といいます。しかし，この価値表現においては，住宅の価値は車という1商品によって表現されているにすぎません。すべての商品は自分の価値を表現したがっています。そこで，こうした障害を取り除くためには，すべての商品がある特定の商品の使用価値によって表現されなければなりません。その特定の商品のことを**一般的等価物**といい，歴史的には商品生産者たちが貴金属，最終的には金・銀を貨幣（一般的等価物）として使うようになりました。したがって完成した価値表現は以下のようになります。

```
    1戸の住宅　　＝10キログラムの金
    10台の車
    100着の背広
    1000足の靴
    10000足の靴下
    ︙
```

　すべての商品の価値が一般的等価物としての金貨幣で表現されるようになれば，価値表現は完成しますし，物々交換の不便さは解決されます。物々交換の不便さということは，たとえば，住宅の所有者は車と交換したいが，車の所有者は背広と交換したい，背広の所有者は靴を欲しがっているとしたならば，交換は成り立たないわけです。住宅を所有している人はそれを市場においてまず貨幣に変えて，その貨幣で車を買ってくれば，物々交換における欲望の不一致ということは解決されるわけです。つぎに，車や住宅がなぜ円とかドルという貨幣名をもつのでしょうか。これは国が法律で定めているからです。円なら円の単位である１円をたとえば金2000分の１グラムと法律で定める。この2000分の１グラムの金のことを価格を測る基準（**価格の度量標準**）と呼びます。これを逆にして１グラムの金＝2000円とした場合，2000円のことを金の公定価格（買い上げ価格）と呼びます。このように定めれば，10キログラムの金は2000万円ということになり，１戸の住宅は2000万円，１台の車は200万円，１着の背広は20万円，一足の靴は２万円，一足の靴下は2000円というように表現され，私たちが日常生活で店先においてみる値段（価格）として売買されるわけです。これが貨幣と価格が発生してくる必然性です。昔ならば，ある地域において非常に大切にされていた貴重な家畜などが貨幣として使われましたが，歴史的にそれが貴金属となり，最終的には金と銀が貨幣となってきたわけです。

貨幣の働き

　それではこうして生まれた貨幣はどのような働き（機能）をするのでしょ

うか。みなさんに質問してみましょう。

 答え 商品を買う。
 コメント そうですね。商品を買う機能のことを流通手段機能と呼びます。
 答え 貯める。
 コメント そうですね。この機能のことを蓄蔵手段機能と呼びます。
 答え 人を雇うために使う。
 コメント キミは起業家になるセンスをもっていますね。それも流通手段機能に含まれますが，人を雇うということは，来週，資本のところで説明することにしましょう。まだほかに三つの機能があります。
 答え 借りる。
 コメント キミが借りるということは，だれかが貸してくれるわけですね。借りた場合は，あとどうしますか。
 答え 貨幣で支払います。
 コメント そうですね。先ほど話した債権債務（貸し借り）の決済をするために使われますね。この機能のことを支払手段機能と呼びます。
 答え ものを測る。
 コメント ものとはなんですか？
 答え 価値。
 コメント そうですね。この機能のことを**価値尺度機能**と呼びます。時間がなくなってしまったので，もうひとつの機能を私からいっておきましょう。世界で共通して使える働きで，これを世界貨幣としての機能と呼びます。

さきほどの**価値形態論**において，右辺の等価形態にある商品は左辺の商品の価値を表現してやっていました。このことを貨幣の**価値尺度機能**と呼びます。また，商品所有者は市場で商品を貨幣に変え，その貨幣で必要とする商品を買ってきました。こうして商品の交換を媒介して，商品の持ち手を変え

る機能のことを貨幣の**流通手段機能**と呼びます。この二つの機能を果たすにあたって，金本位制のもとでも，じつは金は実在していなくてもよかったのです。商品の価値を表現するには架空的な金の重量だけで十分でした。また，販売して獲得した貨幣がすぐに支出されて商品が購入されるかぎり，貨幣は所有者の手元に一時的にしか存在せず絶えず流通に戻っていく経過的なものです。だから，流通手段機能としては鋳貨や紙幣で代用をすることができました。しかし，以下の機能のためには金が実在していなければなりませんでした。借りたときに払う**支払い手段**は金でなければならなかったのです。昔は現物で借りて現物で返していましたが，貨幣経済が発展してくると貨幣で支払うようになります。富を蓄える機能としての**蓄蔵手段機能**は金が果たしていましたが，現代のような管理通貨制度のもとでは，金は貨幣としては機能していませんから，富を蓄える手段として土地や株のようなものが求められているわけです。それが暴落することがありますから，非常に不安定な体制になっているともいえるわけです。最後の**世界貨幣機能**ですが，円とかドルという通貨は国民的な通貨です。マルクスはこのことを各国の通貨は国民的制服を着ていると表現しましたが，世界共通な貨幣としては金しか通用しませんでした。このようにして世界的な貨幣体制として金本位制が成立したのです。

レポート課題「〈商品A（Wa）―貨幣（G）―商品B（Wb）〉流通と〈貨幣（G）―商品X―貨幣（G）〉流通との違いを述べなさい」

> **講評** 次回のテーマですから，予習しておきましょう。コメントは次回の講義でします。

より深く学習するために
[1] カール・マルクス『資本論』（各種の訳本あり）第1巻第1章第3節，第2章

第10講　資本が主人となる

　前回のレポートは，じつはきょう話す内容でして，予習の意味がありました。レポートに何を書いたか思いだしながら聴いてください。**商品から貨幣が生まれ，その貨幣はどのように使われると資本になるのか**ということです。**資本主義経済**とは正確に表現するならば**資本制商品経済**であり，**商品経済が資本**という主体によって営まれる経済です。商品経済については，すでにそのエッセンスを簡単に説明してきましたので，きょうは，その資本なるものは何であるかを考えていくことにしましょう。

貨幣はどのように使われると資本になるのか

　前回のレポートにおいてつぎのような二つの式はどう違うかを考えてもらいました。

　　　　商品A（W_a）―貨幣（G）―商品B（W_b）

　　　　貨幣（G）―商品X―貨幣（G）

　上の式はまず商品Aが貨幣に変わる（販売）。つぎに貨幣が商品Bになる（購買）。これを**単純商品の流通**といいます。下の式はこの順序を逆にしているわけで，まず貨幣で商品Xなる謎の商品を購入し，つぎにその商品を貨幣にかえる経済行為を示しています。これが**資本の流通**なのです。レポートを読んでみて，みなさんはそれなりに考えているということがわかりました。半分くらいの人は価値が変動しないか変動するかの違いだと答えています。これは素晴らしい答えです。価値どおりに販売されるということを，なかには物々交換と表現した人もいましたが，物々交換とは物と物とが交換されることをいい，同等の価値として売買されることを等価交換と呼びます。100

万円の商品価値と，100万円の貨幣価値とが交換されることです。下の式については，儲けることを表わしているという答えが多数ありました。それが正しい答えです。

　両式が表わす経済行為の目的は何だろうかと考えてみましょう。上の式は，自分の持っている商品Aを手放し，商品Bという自分の使用したい商品を購入してくることを目的としています。いいかえるならば，異なった使用価値を獲得することが目的となっているのです。それに対して，下の式は貨幣から始まって貨幣に終わるわけです。これは貨幣という同じ質のものに復帰することであり，そのさい量が変化すること，すなわち正常な営利活動を前提とするならば増加するということが目的となっているのです。最初の100万円の貨幣が100万円として戻ってくるだけだったら何の意味もありません。銀行にでも預ければなにがしかの利子がついて戻ってきます。利子以上に増加しなければ意味がありません。なかには，株の取引のようなものだという答えもありました。損をするかもしれないということでしょうが，株の場合には特殊な資本です。これはあとで説明することにします。ですから，下の式は正確に表現するならば G—W—G′ と表現すべきでしょう。

利潤はどこから生まれるのか

　それではなぜ増えるのでしょうか。すぐに思い浮かぶのは商人の行為です。すなわち安く買ってきて高く売るから，増加分たる利益が得られる。実際，最初の経済学といえる**重商主義経済学**はそのようにして利潤を説明しました。しかし，これは考えてみるとおかしいことです。もしすべての商品所有者が安く買ってきて高く売るならば，物価（諸商品の価格水準）は無限に上昇してしまいます。それだけの貨幣の供給があればですが。もし貨幣量が一定ならば，高く買ってきて安くしか売れないという人が出てきてしまうはずです。いわばゼロ・サム・ナッシングの世界であり，だれかの得はだれかの損という結果になります。全体としては増加しない，すなわち利潤が生じないことになります。いわば，競馬や競輪や賭場のような世界と同じです。宝くじだったら大得する人には，少額ずつ損をしている人たちが対応しています。で

すから，安く買ってきて高く売るというような不等価交換の世界ではなく，等しい価値どうしが交換されるという等価交換の世界を考えてみなければなりません。

かりに最初の100の貨幣が200になって戻ってきたとしましょう。商品Xは100で買ってきましたが，なんらかの変化が生じて200の商品になり，それが等価で売られて200になったと考えなければなりません。こういう不思議な商品Xとはなんでしょうか。一般の商品ならば，生産に使えば価値は新しい生産物に移りますし，使用価値は新しい生産物に移ります。消費されたならば価値は消滅し，使用価値はなんらかの有用効果を発揮してやはり消滅します。ところがこの商品は，消費すると価値が増えるという不思議な商品です。

商品一般に戻って考えてみましょう。**商品には使用価値と価値**がありました。使用価値とはその有用効果であり，価値とはそれを買ってくるときの価格のようなものです。この商品を買ってくるときには価値どおりに買ってきて，それを消費すると価値以上に増えた新しい価値（付加価値）を生産する。だから200なら200で売れるわけです。こうした金の卵を産むニワトリのような商品とはなんでしょうか。商品の新価値は生産において労働が投下されたから生みだされたのですから，この商品の場合には消費することが同時に生産するということでなければ，新しい価値をつくりだすことはできません。答えはすぐ直前にあります。買ってきて消費することが同時に生産することでもあるような，そういう商品とは何でしょうか。結論を先にいえば，それは**労働力**です。

労働力商品は金の卵を産むニワトリだ

このことを商品に即していえば，資本主義経済のもとでは労働生産物が商品になっているばかりでなく，その労働生産物をつくる労働力も商品化しているのです。このことを**労働力の商品化**といいます。労働力とは人間が肉体や頭脳やさまざまなイメージをもとにして労働の対象物を加工していく能力です。いいかえれば労働能力のことです。**奴隷**はその全人格を奴隷主に所有され使われている。しかし，近代の**賃金労働者**はそうした**奴隷制**や**封建制**と

いう身分関係から解放され，職業を選択し労働契約ができる自由人として存在しています。彼らは，1日なら何時間アルバイトをしましょうとか，1年間に何日何時間働きましょう，というような雇用・被雇用の契約のもとで働く能力を売っていることになります。それを売り買いする市場のことを商品市場と区別して労働市場というわけです。労働力という商品の売り値（値段）が具体的には賃金として支払われるわけです。また，みなさんがアルバイトをする場合でも，雇用主に対してアルバイト時間中は働く能力を売っていることになります。労働力商品を買った雇用主は労働力を消費するわけですが，それはなにも，食べたり，あるいはペットのように可愛がったり，あるいは殴ったりすることではありません。一定の契約のもとで働かせる，あるいは働いてもらうというのがその消費です。その消費過程は生産過程ですから，そこでは新たに労働が支出され新しい価値が形成されます。

　それでは**労働力の価値である賃金**はどのように決まるのでしょうか。労働者が1日なら1日働き，家庭に帰って夕食をすませて休息し睡眠をとり，また翌朝健全な状態で働けるようになることを**労働力の再生産**といいます。この労働力の再生産に必要な消費財の価値が労働力の価値となります。労働者が消費するさまざまな消費財（**賃金バスケット**）に価値を掛けた総額が労働力の価値となります。もちろん，たんに衣食住を満たすだけの費用に加え，旅行するとかスポーツをするとかさまざまな文化活動をする費用もこれには含まれます。さらに，家族の生活を維持し，また次の世代の若い労働力を育成していく育児費や教育費のようなものも含まれます。標準的な労働者の生計費としての労働力の価値の水準は一定の幅がありますが，ある時代や地域社会において，その標準的な水準が確定しているといえます。日本国憲法においても，健康にして文化的な最低限度の生活をする権利が保証されているわけです。これに対して**労働力の使用価値**とはまったく違う概念です。使用価値とはそれを消費することによる有用効果ないし効用であり，労働力商品の場合の消費とは労働させることであり新しい価値を形成させることです。このように，労働力商品の価値と使用価値とは量的にも質的にもまったく異なっています。図10-1のように要約することができます。

図 10-1　労働力の価値と使用価値

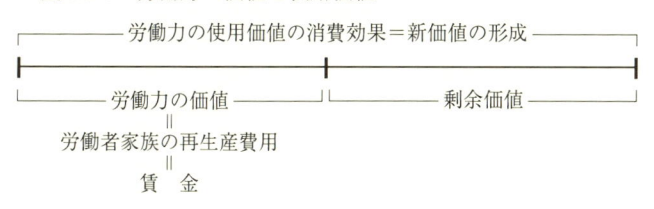

```
├────── 労働力の使用価値の消費効果＝新価値の形成 ──────┤
├────── 労働力の価値 ──────┼────── 剰余価値 ──────┤
          ‖
    労働者家族の再生産費用
          ‖
        賃　金
```

　新しく生産された新価値から労働力の価値を引いた残りが増加した部分であり，これを**剰余価値**と呼びます。レポートのなかには，剰余価値のことを付加価値と書いた人もいますが，付加価値とは新価値のことです。

金の卵たる剰余価値はだれのものになるのか

　この剰余価値はだれが所有するのか？　それは労働力商品を買い消費した雇用主（資本家）の所有になります。これはちょうど一般商品を買ってきた人がそれを消費してどのように楽しもうと，それは買ってきた人の楽しみです。あまりに楽しそうだから売ったオレにも少し分けろとはいえません。この剰余価値が利潤となるのです。買ってくるときには100の労働力の価値として買い，その消費＝生産過程において100の剰余価値を付け加えた新しい価値200が，200として売られるわけです。この差額100が利潤となります。

労働力はどうして商品化したのか

　それでは，労働力はどうして商品になるのでしょうか。歴史的には，生産手段から分離され，自分の労働力によってしか生活できない**賃金労働者**が形成されてくることによってです。その対極において，生産手段なりそれを調達する資金を持っている人は賃金労働者を雇う**資本家**となります。この賃金労働者と資本家が歴史的に形成される過程を**原始的蓄積（本源的蓄積）過程**と呼びます。この歴史過程については，資本主義の歴史を説明するところでまた取り上げます。

剰余価値のマクロ的規定

これまでの説明では，労働力商品に焦点をあててきましたが，生産過程では，実際には**労働対象（原料）**と**労働手段（道具・機械）**などの**生産手段**が使用されます。いま，生産された新価値がどのように支出されるかをみてみよう。労働力の価値にあたる部分は，賃金労働者が生活するための生活手段に支出されます。剰余価値のほうは，その一部は資本家も生活のために支出しますし，残りは生産の拡大のために使われます。後者のことを**資本が蓄積される**といいます。この蓄積部分は追加的な生産手段とそれを使う追加的な労働者（労働力）が生活していく生活手段に支出されます。

サープラスのところで説明しましたように，追加的な生産拡大のために使用できる生産手段のことを**余剰生産手段**と呼びました。この余剰生産手段は，生産された生産手段から両部門で使用し補てんしなければならない生産手段部分を控除した残りでした。いま，社会が賃金労働者と資本家だけから成り立っているとすれば，生産された生活手段から直接働いた労働者が消費する部分を控除した残りは，資本家と追加的に雇用される労働者が消費する**余剰生活手段**になります。結局，そうしますと新しく生産された新価値は，図10-2のように，労働者（力）の消費する生活手段，資本家が消費する余剰生活手段，追加的な労働者が消費する余剰生活手段と，資本家が追加的に購入する生産手段（余剰生産手段）に支出されます。生産手段と生活手段が価値どおり過不足なく売れたとすれば，つぎのような関係が成立します。

新価値＝働いた労働者の消費する生活手段の価値
　　　　＋余剰生活手段の価値（資本家の消費＋追加的労働力の消費）
　　　　＋余剰生産手段の価値

新価値－働いた労働者の消費する生活手段の価値
　　　＝余剰生産手段の価値＋余剰生活手段の価値

∴剰余価値＝余剰生産手段の価値＋余剰生活手段の価値

この式にサープラスを説明したときの記号に加えて，1人の賃金労働者の消費する生活手段（実質賃金率）を ω，働く時間をT，生産手段の価値を t_1，生活手段の価値を t_2 として，記号で表現すると，

図 10-2　新価値の支出先

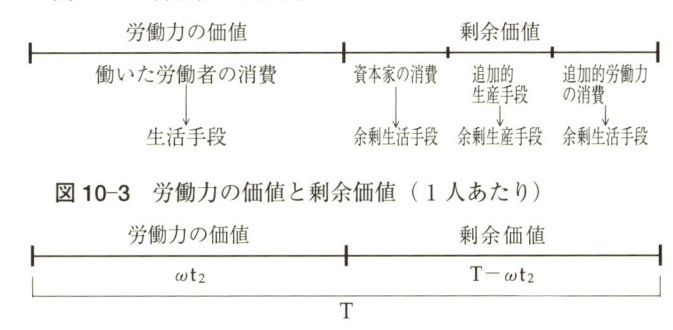

```
|──────── 労働力の価値 ────────|──────────── 剰余価値 ────────────|
|    働いた労働者の消費         | 資本家の消費 | 追加的    | 追加的労働力
|                              |             | 生産手段   | の消費
|       生活手段                | 余剰生活手段 | 余剰生産手段 | 余剰生活手段
```

図 10-3　労働力の価値と剰余価値（1人あたり）

```
|──────── 労働力の価値 ────────|──────────── 剰余価値 ────────────|
           ωt₂                              T－ωt₂
|──────────────────── T ────────────────────|
```

$$(L_1+L_2)(T-\omega t_2)=(X_1-K_1-K_2)t_1+\{X_2-\omega(L_1+L_2)\}t_2$$

言葉で表現すれば，

剰余価値＝余剰生産手段×生産手段の価値＋余剰生活手段×生活手段の価値

　サープラスの源泉だった余剰生産手段と余剰生活手段が，資本主義経済では剰余価値としてこのように現象してくるわけです。さきの剰余価値を説明した図 10-2 を記号で表現すれば，図 10-3 のようになります。

レポート課題「労働力商品と一般商品との違い，いいかえれば労働力商品の特殊性について考えなさい」

　講評　両方とも商品である点は共通しています。商品市場や労働市場で購入（調達）し，その値段は生産するのに直接的・間接的に必要とされる労働時間であり，あるいはその再生産に必要な生活手段を生産する労働時間でした。また，それぞれに異なった使用価値をもっていますが，その性格はまったく違います。一般商品の場合にはその有用効果が発揮されれば使用価値は消滅してしまうわけですが，労働力商品の場合には消費するということは生産することでありますから，そこに新たな価値が形成されます。多くの人はだいたいできていましたが，労働力と労働，商品と価値を区別していない人もいました。労働力というのは働く人のもっている働く能力なり力のことで，労働というのはその発揮された効果のことです。商品とは労働生産物の特殊的・歴史的な形態で，価値という性格をもつようになる。そして商品には価値と使用価値という二つ

の要因があったわけです。なかには，働く能力という生身の人間の能力が商品となっている，これはおかしな経済だという鋭い指摘もありました。

より深く学習するために
［１］ カール・マルクス『資本論』（各種の訳本あり）第１巻第５章
［２］ 拙著『経済学原論』青木書店，1996年，第11章第３節，第13章第２節
　　　［1］はオリジナルな文献であり，［2］では，サープラスと剰余価値の関係を説明しています。

第11講　社会システムとしての資本主義

資本は循環を繰り返す

　前に**社会システム**について説明しました。きょうはシステムとしての資本主義を説明しましょう。前講で，資本の流通は，

　　貨幣（G）－商品X・商品X′（剰余価値を含んだ増加した商品）－貨幣（G′）

となることを説明しました。これを正確に表現すれば，つぎのようになります。

　まず最初の，貨幣の姿をとっている資本のことを**貨幣資本**と呼びます。市場において生産に必要な商品を購入してきます。商品形態の姿をとっている資本のことを**商品資本**と呼びます。そこで生産が始まるわけですが，この生産過程においては，調達した商品は労働対象と労働手段を合わせた生産手段とそれを動かす労働力という生産要素の姿をとります。この形態の資本のことを**生産資本**と呼びます。ここで労働対象に対して労働手段を媒介として労働力が働きかけることにより，労働対象が加工され新しい生産物が生産されます。前講で説明したように，同時に新しい労働が投下されるわけですから，剰余価値を含んだ新しい価値が形成されたわけです。価値の増加した新しい商品を再び市場において価値どおりに販売して（等価交換），増加した貨幣になります。この増加した貨幣は再び最初の出発点に復帰し，より拡大した規模の生産，したがって剰余価値生産となり，同じことがまた繰り返されることになります。この運動のことを**資本の価値増殖運動**，あるいは**資本の循環範式**と呼びます。

　　図 11-1　資本の循環範式

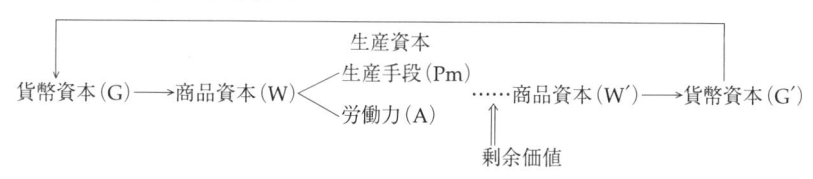

```
            ┌─────────── 生産資本 ──────────┐
            │         ┌生産手段(Pm)         │
貨幣資本(G)──→商品資本(W)┤              ……商品資本(W′)──→貨幣資本(G′)
                      └労働力(A)
                             └剰余価値
```

第11講　社会システムとしての資本主義　　81

賃金労働者と資本家は再生産される

　この資本循環において，賃金労働者は賃金労働者として再生産（再登場）されます。最初に賃金労働者は，その労働力と交換に最初の貨幣の一部を賃金として受け取り，その賃金を商品市場において支出して生活手段を購入し，それを消費して労働力を再生産します。したがって賃金労働者においてはつぎのような過程が進行していたことになります。

　労働力→賃金→生活手段（消費財）→生活手段の消費→労働力の再生産

　労働力を購入した資本家のほうも，資本家として再登場してきます。金利生活者のように働かないで食べていく人は除いて考えれば，資本家は労働者を生産過程において指揮・監督・管理するなど，さまざまな経営活動をする能力なり力をもっています。労働者に剰余価値を生産させて，それを貨幣に変え，その一部を商品市場において支出してやはり生活手段を購入し，それを消費して資本家としての能力なり生命を再生産します。しがって資本家はつぎのような過程を繰り返しているといえます。

　資本家としての能力→利潤の一部→生活手段の購入→生活手段の消費
　→資本家としての能力の再生産

　このように資本循環の背後においては，賃金労働者は賃金労働者として，資本家は資本家として再生産されていることになります。いいかえれば，「資本＝賃労働」という生産関係が再生産されていることになるのです。

階級闘争を舞台にして資本は増殖していく

　資本家は雇主であり，賃金労者は被雇用者ですから，「資本＝賃労働」関係のことを労使関係とも呼びます。この関係は，日本の高度成長期のように賃金も上がれば利潤も上がるというような状態においては，両者とも協力して生産活動や経営活動に励むでしょう。しかし賃上げと利潤増加を同時に達成することがむずかしくなれば，すなわち賃金が上がれば利潤が減少してしまうし，利潤を上げようとすれば賃金を切り下げなければならないときには，両者の関係は対立的になります。また，最近の日本経済のようにリストラとか失業が生じてきますと，資本家は**労働力商品**を買わないで解雇するわ

図 11-2　資本循環をめぐるせめぎあい

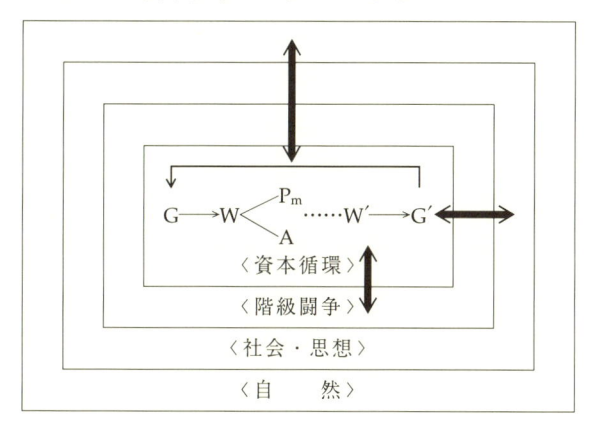

$$G \rightarrow W {\overset{P_m}{\underset{A}{\big\langle}}} \cdots\cdots W' \rightarrow G'$$

〈資本循環〉
〈階級闘争〉
〈社会・思想〉
〈自　　然〉

けですからか，両者の間は非常に敵対的な関係になります。このように労使の関係は協調・対立・敵対的な関係であり，こうした労使関係をとおして資本の循環が貫徹するわけです。いいかえれば，賃金労働者と資本家との階級闘争のなかで，資本の循環・価値増殖運動が貫徹する関係にあります。

資本循環は社会システムを形成する

　このように，資本が価値増殖すること，いいかえれば利潤を獲得することが資本主義経済の原理となるわけですが，この価値増殖運動は「資本＝賃労働」を基礎として展開されています。さらにその大きな外枠として，**社会システム**のところで説明した社会制度や思想があります。人間の生活はさらに大きく地球なら地球という自然環境のなかで展開されるわけです。ですから資本主義は，こうした自然と人間と社会という総体のなかで捉えていくことが大切になります。要約すれば図 11-2 のようになり，各分野との相互規制のなかで資本循環がダイナミックに貫徹しているのです。

資本循環の担い手はだれか

　以上の説明を第二次世界大戦後の日本社会を例に具体的に考えてみましょう。まず，資本循環を担っている主体は個人ではなくて，**会社という株式会**

社組織です。もちろん中小企業などでは親父さんなどの個人が経営している場合もありますが，日本経済の重要な分野においては法人組織が圧倒的です。だからみなさんの先輩たちが就職するのは，圧倒的に企業なわけです。これらの企業の上部団体として日本経済団体連合会（2002年に経済団体連合会と日本経営者団体連盟が合同），日本商工会議所，経済同友会などのいわゆる財界諸団体が存在します。しかし，企業は平等で自由な競争をしているわけではありません。株式市場に上場してその業界において圧倒的な力をもっている少数の企業が存在しますが，こうした企業のことを独占的大企業（**独占資本**）と呼びます。しかも，独占的大企業は単独で営業活動をしているのではなく，業界を超えたグループとして行動してきました。たとえば，三菱銀行，三井銀行，住友銀行，富士銀行，第一勧業銀行，三和銀行などの銀行を中心とした**企業集団**や，日立，東芝，松下，トヨタ，新日本製鉄などの産業を中心とした企業集団，あるいは運輸や流通を中心とした西武や東急などのグループです（バブル経済の崩壊後，いわゆる不良債権の処理をめぐって銀行は統合と再編を繰り返していますが，それについては戦後日本社会の歩みとあわせて第22講で触れます）。

株式会社はだれが所有し決定し支配しているか

　こうした株式会社は，だれが所有し，だれが決定し，だれが支配しているのでしょうか？　理論上は，株式会社には株主が出資していますから，株主が所有し決定し支配しているように思われます。しかし１株や10株のような少額しかもっていない株主が，そういう権利を行使しているのだろうか？　それとも経営者が支配しているのだろうか？　たとえばプロ野球でいえば，選手は労働者，監督やコーチは経営者，球団のオーナーが所有者ということになりますが，しかし負けてばかりいる監督はすぐ首を切られるように，企業の経営者も業績が悪ければ首にされます。「株式会社はだれが所有し，だれが決定し，だれが支配しているのだろうか」をみなさんに考えてもらいたいので，これをきょうのレポート課題としましょう。

日本の労働者も労働三権をもっている

つぎに，労使関係あるいは階級関係はどうだったのでしょうか。第2講で日本の階級構成について話しましたように，人を雇う**資本家階級**（そのなかには高級官僚や高級政治家や天皇家も含まれます）と，雇われる**労働者階級**と**新中間階級**，そして自営業を中心とした**旧中間階級**とがありました。そして第二次世界大戦後の特徴としては，旧中間階級が減少し雇われる労働者階級や新中間階級が増加しました。そして戦後，日本は占領軍に支配されたわけですが，その最高司令部であるGHQは，軍国主義の基盤を破壊しようとして財閥解体や農地改革や労働改革を実施しました。戦前の日本の労働者は低賃金であり，また思想的には軍国主義によって抑圧されていました。しかし世界全体をみると，19世紀の半ばぐらいから労働者階級は団結して力をつけ，そしてさまざまな権利を獲得してきました。1930年代にはアメリカにおいて**ニューディール政策**が実施され，ご承知のようないろいろな労働者の権利が保証されました。そうした権利が戦後の日本の労働者階級にも保証されるようになりました。その内容は**労働三権**といい，労働組合をつくり団結することのできる**団結権**，要求を実現するためのストライキをすることのできる**罷業権**，賃金や労働条件などを労使の団体交渉によって決定する**団体交渉権**です。このように，戦前に世界の労働運動が勝ちとった諸権利が，戦後の日本の労働者階級にも与えられ，それが憲法や労働組合法などによって保証されるようになります。戦争直後の労働運動の高揚と後退をへて，やがて日本の労働組合は総評（日本労働組合総評議会）に結集するようになりました。しかし，1989年に総評が解散し連合（日本労働組合総連合会）が結成され，その他の労働組合は全労連（全国労働組合総連合）と全労協（全国労働組合連絡協議会）に分かれました。それに対して経営者側のほうは，さきに指摘したように，日本経済団体連合会に結集しています。労働者側と経営者側の全国的組織が中央レベルにおいて産業別に団体交渉をしていくという労使関係が成立します。賃金ならば，春闘として産業別の団体交渉によって決定され，公務員は交渉権を奪われていますから，民間レベルを参考にした人事院の勧告によって公務員給与が決定されようになってきました。

資本といえども憲法を無視できない

　つぎに日本の社会について簡単に説明しておきましょう。戦後の日本社会を根本的に規定している理念は，日本国憲法に表わされています。そこには，主権が国民にあり，国民は労働する権利や教育を受ける権利，健康にして文化的な生活を送ることのできる生存する権利，地方自治権などの**市民社会的な諸権利**がすべて含まれているといってよいでしょう。もちろん資本主義社会のなかでの**市民社会**ですから，私有財産権の不可侵性も入っています。政治形態としては立法・行政・司法の三権分立であり，教育権を規定しているのは教育基本法であり学校教育法です。ところが現在の大問題としては，憲法なり教育基本法を変えようとする動きが露骨に出てきていることです。憲法第9条では，ご承知のように，国権の発動としての戦争を禁じ，軍隊をもつことを禁じているわけですが，実際に存在する自衛隊は軍隊としての力と性格と組織をもっています。まさに自衛隊はどうあるべきかという国のあり方の問題が一大政治論争になっているわけです。また文化・思想の世界においても，憲法は思想・信条の自由，結社の自由を保証し，ある特定の宗教が政治を指導することを禁じています。しかし，いまのような状態や動きを放置しておいたならば，資本の循環運動そのものを制限するものともなるでしょう。

資本は緑を破壊してきた

　自然との関係でいえば，日本は緑豊かな国であるにもかかわらず，いまはその緑が破壊され衰退してきています。自然と共生していかなければならないという環境問題が発生し，しかもこれは日本だけでは解決できない地球的な規模の問題となっています。日本においては，第二次世界大戦中から戦後にかけて森林が荒廃しました。これは大変だということで国土緑化運動が起こり，昭和天皇が先頭になったりして各地で植林運動が起こりました。それなのに，高度成長の過程で林業は衰退し，さらに農業が最近では衰退してきてしまっています。残念ながら戦後の日本は自然と共生するというところからスタートしたのではなく，むしろ高度成長の過程で自然を破壊してきたと

いえます。

レポート課題「現代日本の大企業はだれが所有し，だれが決定し，だれが支配しているのか」

> **講評** 多くは，株主が所有し経営者が支配しているとの答えでした。なかには逆に，経営者が所有し株主が支配しているという答えもありました。なるほどと思ったのは，企業の業績は，結局は売れ行きによりますから，企業を最終的に支配しているのは消費者なり国民だという答えでした。どれも間違っているとはいえません。それぞれある側面を指摘していますし，また実際にそういう主張をしている研究者もいます。しかし私の考えをいえば，大企業は，グループ化し企業集団を形成しています。この企業集団全体が，個々の会社を所有し支配しているのではないか。いいかえれば，「会社による会社支配」であり，このことは法人資本主義論として研究されてきました。詳しくは私の書いた『戦後の日本資本主義』の第1章を読んで考えてみてください。

より深く学習するために

[1] 高須賀義博「遺文・『経済人』対『社会人』」『想い出の高須賀義博』ラピック，1993年
[2] 本間要一郎「経済システムと社会システム」『熊本学園大学経済論集』第1巻第3・4号（1995年3月）
[3] 拙著『経済学原論』青木書店，1996年，第7章
[4] 拙著『戦後の日本資本主義』桜井書店，2001年，第1・2章

　[1] [2] は，社会人や社会システムのほうに変革の主体を求めようと試みた内容です。[3] を要約したのが本講です。[4] では戦後日本の資本体制と社会・労働体制が要約されています。

[Ⅲ]

資本主義の歩みと経済学

第12講　創世期の資本主義と重商主義経済学

　前講で資本主義システムを定義的に説明しましたが，これからは4回にわたって，資本主義経済がどのように成立・発展・成熟し，どのようにして現代の資本主義になってきたかを歴史的に説明します。

資本主義の成立・確立・成熟
　資本主義経済はいまからおよそ500年ほど前に，世界的なシステムとして成立しました。段階を画するような発展としては，**原始蓄積段階（重商主義）**，**自由競争段階（自由主義）**，**独占段階（帝国主義）**であり，第二次世界大戦後の資本主義は独占資本主義段階であるとともに，国家の役割が飛躍的に増大した資本主義であり，このことを**国家独占資本主義**と呼びます。原始蓄積段階は，時期的には16世紀から18世紀の後半ぐらいにかけての資本主義です。当時の日本は戦国時代であり，信長や秀吉や家康によって日本が統一されてくる時代でした。とくに信長の時代には楽市・楽座あるいは三斎市とか六斎市として商業が発展しました。時期的には世界的な資本主義化の波と一致しています。当時，オランダを中心としたヨーロッパの資本主義経済は，大西洋を囲む経済圏をつくりましたが，日本においてはご承知のように江戸幕府になって**鎖国政策**がとられ，約250年後に明治維新として開国するわけです。この鎖国政策がよかったのか悪かったかは，歴史的に論争されている点です。日本は19世紀の後半になって，西洋の文明，技術や学問や文化を導入して資本主義化していきました。

　18世紀後半の産業革命をへて資本主義の中心はオランダからイギリスに移り，綿工業を中心とした自由競争段階の資本主義になります。国家は経済過程への介入から退き「小さな政府」になり，みなさんが世界史で習ったような自由主義が支配的となります。しかし19世紀末になりますと，ドイツやア

メリカがイギリスに追いつき追い越し，日本も急激な資本主義化を進めていきます。当時の先進資本主義国は帝国主義列強と呼ばれましたが，その国内経済においては自由競争が独占へと転化し，**一握りの巨大な独占資本**が支配するようになりました。世界的には**植民地再分割のための帝国主義政策**が展開される時代になります。この資本主義を**独占資本主義**と呼びます。きょうの原始蓄積段階の話は私の『経済学原論』の第4章，重商主義経済学については『マルクス経済学入門』の第14講を読んでください。

世界システムとしての資本主義の成立

地理上の発見後，大航海時代が訪れ世界貿易の拡大が始まりますが，オランダを中心としたヨーロッパの経済が大西洋沿岸に一つの経済圏をつくりだしていきましたので，ヨーロッパ世界経済と呼んでおきます。世界経済が成立したのはいつごろかというと，通説的には，つぎのイギリスが中心となる時代だといわれています。ですから，ここでは「ヨーロッパ世界経済」と呼んでおきましょう。**イマニュエル・ウォーラステン**という人の「**世界システム論**」によれば，この時代に世界的な分業体制が成立し，また世界的な貿易関係が成立したとされています。ウォーラステンはさらに，世界的な労働配置が実現したことを重視しています。

世界経済は三つの部分から構成されたといわれます。すなわち，オランダをはじめとしてイギリスやフランスが**中心国**であり，ルネッサンスを起こし貿易関係が発展した地中海世界および力が衰えてきたスペインなどが**半辺境地帯**と呼ばれ，さらに地理上の発見による北と南のアメリカ新大陸と東ヨーロッパの世界が**辺境地帯**ということになります。まだ世界全体が資本主義化していたのではなくて，トルコやインドや中国やロシアや日本のような国はまだ資本主義化していません。日本は鎖国時代に入ったわけですから。世界的な労働配置をみると，オランダにおいては「**資本＝賃労働**」関係のもとでの賃金労働形態が支配的であり，新大陸のほうではアフリカから売られてきた黒人の**奴隷労働**が支配的でした。北米の南部地帯においては綿花，カリブ海のキューバの砂糖，ブラジルのコーヒー，アルゼンチンの畜産物というよ

うな単一農産物の生産に特化していったわけです。これを**プランテーション農業**といいました。一方，東欧やその他の世界では，封建的な**農奴の労働**が支配的でした。

　オランダのように圧倒的な経済力をもった国を**ヘゲモニー国家**と呼びます。しかしオランダが最初に世界に進出していったのではありません。日本の戦国時代末期に最初に到来した外国人は，種子島に鉄砲を持ってきたポルトガル人でした。彼らは，インドと中国，中国と日本との貿易を仲介する仕事をし，世界的な帝国は形成しませんでした。世界的な帝国をつくったのはスペイン人であり，フランシスコ・ザビエルらは日本の鹿児島湾に上陸し，貿易とキリスト教の布教を進めていきました。スペイン人はご承知のように，中南米の諸国を植民地化し，インカ帝国を滅ぼして大量の金銀をヨーロッパ大陸に持ち帰ってしまいました。伊達政宗などはこのスペインと交易しようとして家臣の支倉常長たちを派遣しました。しかしこのスペインも，巨大な帝国を維持するために必要な軍や官僚を養うだけの経済力が衰えていき，やがて，当時の先進的産業である毛織物工業をいち早く確立したオランダが最初のヘゲモニー国家として登場してきます。このヘゲモニー国家は，オランダからイギリスへ，そしてアメリカへと推移していきます。

オランダが最初のヘゲモニー国家となった

　オランダが最初のヘゲモニー国家となりえたのは，ネーデルランド地帯がスペインから独立し新な市民的社会を形成し，その基盤の上に当時の先端的な産業である毛織物工業をいち早く確立させたからです。イギリスやフランスは毛織物の原料や半製品はつくりましたが，それをオランダに輸出し，オランダが毛織物製品として完成させました。イギリスやフランスはそうした意味において，オランダに追いついていこうとする国であり，「資本＝賃労働」関係は形成過程にありました。まさに**原始的蓄積段階**にあったといえます。最先進国たるオランダは**自由貿易政策**を展開し，それに追いつこうとしているイギリスやフランスは**保護貿易主義**としての**重商主義政策**を展開しました。そういう意味で原始蓄積段階とか重商主義というのは，ヘゲモニー国

に追いついていこうとした後発資本主義国であったイギリスやフランスを中心とした歴史区分だといってよいでしょう。しかし，当時のオランダではすでに「資本＝賃労働」関係が成立していましたし，株式会社もまっさきに発展していました。したがって，最初の経済学である**重商主義経済学**も，トーマス・マンとかバーナード・マンデヴィルとかジョン・スチュアートというようなイギリスやフランスの経済学者によって唱えられました。

商業こそ国を富ます（重商主義経済学）

　重商主義経済学は，商業活動こそ国の富をつくりだすと考えました。国内的には商業活動を活発にし，対外的には外国貿易を振興し，輸出によって得る黒字を当時のオランダの貨幣であるギルダーに変えて，それで毛織物工業を中心としたオランダの先進的な技術を導入して国内の工業を建設していこうとしたのです。したがって国内の工業はオランダの工業に比べてまだ国際的な競争力が弱いわけですから，それを保護するために，輸入を禁止したり輸入品に関税をかけたりする**保護貿易政策**が展開されました。当時の国家は絶対王政でしたが，そのもとでさまざまの**重商主義政策**が展開されました。

賃金労働者は暴力的に形成された（原始的蓄積）

　イギリスやフランスではまだ賃金労働者が不足している時期ですから，国家が農村にいる農民を工業のある都市に追いだして賃金労働者化する政策が基本的でした。前講では，「**資本＝賃労働**」関係は自動的に再生産されるかのように話しましたが，じつはその歴史的な大前提として，「資本＝賃労働」関係は歴史的にかつ暴力的に形成されてこなければならなかったのです。この歴史的形成過程を**原始的蓄積**とか**本源始的蓄積**と呼びます。この原始的蓄積過程において国家は，法律や警察力を利用して，**賃金労働者**を強制的・暴力的に形成するということをやりました。たとえば，国家の基礎は税金をとることですけれども，租税制度ができあがると農民は貨幣で税金を支払わなければならなくなります。税金を払えない農民は借金をして払いますが，その借金が返せなくなれば担保とした土地が奪われ，農民は土地から追いださ

れ，都市で賃金をもらって働かざるをえなくなる。あるいは「**農民層の両極分解**」といい，封建的身分関係から解放された**独立自営の農民層**（ヨーマンリー）が富める富農と貧しい貧農に分解し，やがては富農が貧農を雇用するという「資本＝賃労働」関係が成立してくる。あるいは，当時の農業は「**三圃式農業**」といって土地を三つに区分して，小麦をつくる土地，大麦をつくる土地，休ませておく土地を年々交替で使いました。ところが富農がこの共同的に使っていた土地の一部を囲い込んでしまって農民たちに立ち入らせないようにすれば，農民は土地から追いだされてしまう。国家は，税金を払ってくれる富農を優遇し，税金をあまり払えない貧農には冷酷でした。農村から追いだされ都市に集まる労働者に対しても国家は，彼らがまた農村に帰ってしまわないようにいろいろな移住の制限をしました。雇う場合にも，「何時間以上働かせなければいけない」とか「それ以上高い賃金は払ってはならない」というような法律を出します。これは高賃金の禁止であり，労働時間の延長です。現代の国家とはまったく逆のことをやったのです。

資本家と賃金労働者のルーツ

　どういう層が資本家になり，どういう層が賃金労働者になったのか。これは時代や地域によって異なり，さまざまなケースがありました。イギリスで典型的だといわれるのは「**農民層の両極分解**」で，富農が資本家になったといわれます。日本では，江戸時代の大商人が明治時代になって資本家に転化していった例が多くみられます。賃金労働者には江戸時代の職人や，農村から出ていった貧しい農民がなった場合もあります。明治になって士農工商という制度が廃止され，武士は秩禄公債をもらって刀を捨てチョンマゲを切り落として，公債によって食べていく身分になりました。しかし大インフレーションが進行して，その公債の利子では食べていけない人たちはやがて賃金労働者化していきました。しかし武士は江戸時代から知識人ですから，その就職先は教師や公務員であったといいます。アメリカの場合には非常に独特で，ご承知のように，もともとは先住民のインディアンが住んでいたわけで，ヨーロッパから移住してきた人たちがインディアンを追いだしたり殺したり

して，その土地を手に入れました。ですからアメリカの場合には，ヨーロッパからの移住民の子孫が資本家と賃金労働者になっていったのです。南部はさきほど話しましたように，**黒人の奴隷労働によるプランテーション農業**でした。しかしアメリカの東部のほうの特徴は，中部・西部に豊かなタダ同然の土地があるわけですから，西部劇に出てくるように人々は中部・西部に移住してしまうために，賃金労働者はなかなか形成されませんでした。だから，いかにアメリカに賃金労働者をつくるかという**植民地政策を考えるウィークフィールド**というような経済学者もイギリスに出てきました。しかし，19世紀の半ばぐらいになるとしだいに東部にも賃金労働者が定着するようになりました。

　日本の場合，賃金労働者の圧倒的部分は没落した農民でした。明治維新後の農村の土地は都市に住む資産家の所有となります（**寄生地主制**）。農民はその土地で小作人として働き，高い小作料を支払わなければなりませんでした。その過程で没落する零細な農民の次男・三男たちが都市に出て，賃金労働者になっていったのです。資本家には多くの場合，その後の三菱・三井・住友というような財閥をつくる江戸時代からの大商人がなりました。たとえば大倉財閥をつくり大倉商業学校（現東京経済大学）を設立した大倉喜八郎は越後・新発田の商人の出身でした。明治政府は「**殖産興業**」政策を展開し，紡績や鉄などの官営工場を民間の資本に安く払い下げていきました。国家主導的な性格が強い資本主義の成立過程であったといえます。

農民がサープラスを生む（重農主義経済学）

　この時代の**重商主義経済学**とつぎの**古典派経済学**の間ぐらいに，フランスの**フランソア・ケネー**を中心とした**重農主義経済学**が生まれました。彼らが重視したのは商業ではなく農業でした。そこでは農民が**サープラスを**生産し，それを貴族（土地所有者）が取得して消費するという，当時のフランス社会の生産物の循環が見事に表現されています（**ケネーの経済表**）。後年マルクスは，この経済表を天才的な発見だと高く評価しました。その分析の政治的な結論は，サープラスを横取りする貴族に税金をかけるべきだということに

図 12–1　ケネーの経済表の解説

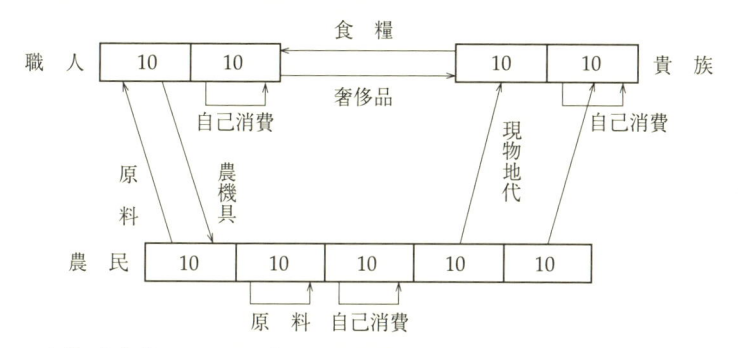

```
           　　　　　食　糧
職　人 [10][10] ←――――――→ [10][10] 貴　族
         ↓           奢侈品          ↓
       自己消費                     自己消費
   ↑     ↑                    ↑
  原     農                   現
  料     機                   物
         具                   地
                             代
農　民 [10][10][10][10][10]
              ↓   ↓
            原料 自己消費
```

出所：拙著『入門経済学講義』東京教科書出版，1989年，90頁より。

なります。これがのちのフランス革命の一つの根拠となります。

　いま図12–1のように，農業で50生産されたとしましょう。そのうち20は農民自身が翌年に原料や食糧として使い，20を土地所有者たる貴族に地代として支払い，残り10を職人に農機具などを得るために渡す。貴族は農民から受け取った地代20のうち10を消費し，残りの10で職人から奢侈品としての家具などを受け取る。職人は農民から10，貴族から10受け取り，それをそれぞれ原料や食糧にする。結局，農民が生産したサープラス20が貴族に支払われながら，年々の生産が繰り返されていくことをケネーは解明したことになります。

レポート課題「戦後日本の経済政策と歴史的な重商主義政策を比較しなさい」

　講評　国際競争力の弱い国内産業を保護し，輸出を伸ばし，獲得した外貨でもって最新の技術を導入していくという，政策としてはかなり似ていたと思います。現在でもそうかというとそうではなくて，アメリカに追いついていこうとするいわゆるキャッチイング・アップの過程ではそうだったといえるでしょう。しかし重商主義政策というのは資本主義が成立していく時期の政策で，国家が暴力的・強制的に賃金労働者を形成していく過程でした。日本の戦後の場合には，すでに資本主義は復活し確立していましたから，政府がやったことは農村

の人口を都市に移動させる政策でした。こういうところが異なると思います。

より深く学習するために

　封建制から資本制への移行をめぐっては世界的に論争されてきました。経済制度と経済学説を結びつけて封建制から資本制への移行を説明した古典的書物として，

［1］レオ・ヒューバーマン（小林良正・雪山慶正訳）『資本主義経済の歩み─封建制から現代まで』上・下，岩波書店，1953年

　重商主義経済学については，

［2］小林昇『重商主義の経済理論』東洋経済新報社，1952年

　創世期の経済学とケネー経済表の先駆的研究として，

［3］渡辺輝雄『渡辺輝雄経済学史著作集』第1～3巻，日本経済評論社，2000年

　原始蓄積段階については，さしあたり，

［4］カール・マルクス『資本論』（各種の訳本あり）第1巻第24・25章

［5］拙著『経済学原論』青木書店，1996年，第4章

［6］拙書『マルクス経済学入門』（第3版）1988年（パンフレット『研究と教育』第10号，これは東京経済大学の図書館にあります）

第13講　確立した資本主義と現代経済学の源流

ヘゲモニーはオランダからイギリスへ

　きょうの話は自由競争段階の資本主義です。最初にヘゲモニーを握ったオランダにイギリスが追いついてきます。オランダ工業の基礎は毛織物工業でしたが，綿工業が先進的産業となり，イギリスは産業革命をへて機械が導入され，**機械制大工業**として綿工業を発展させます。機械を使いますから，機械はもとより原料となる鉄，運輸手段としての鉄道や蒸気汽船も発展します。そしてイギリスは世界の工場となっていきます。それと同時に，ロンドンが世界的な金融の中心となり，イギリスは世界の銀行にもなります。イギリスの通貨ポンドは国際的に使われる通貨（国際通貨）となります。しかもポンドはイングランド銀行が発行する中央銀行券であり，金との兌換を保証していました。そういう国際的な通貨体制として**金本位制**が成立します。イギリスは綿製品を安く生産できるようになりましたから，それまでの**保護貿易政策を放棄して自由貿易政策に転換**します。**穀物法を廃止**し，そのかわりに世界に自由に貿易できる権利を要求したわけです。安い小麦が外国から入るということは，国内の農業には打撃を与えますが，産業資本家にとっては賃金が安くなるわけですから，歓迎すべきことでした。ですから，こうした貿易政策の転換の背後には，**産業資本**が**地主階級**を抑えるだけの力量を獲得するようになったという力関係の変化があったといってよいでしょう。

国家は経済を背後から支えた—市場主義の元祖としてのスミス

　重商主義の時代には国家は賃金労働者の暴力的な形成を中心として，経済過程に大々的に介入しました。自由主義段階になると，国家はなるべく経済過程から退き，小さな政府になったほうがよいという考え方に変わります。経済活動そのものは民間の私的な営利活動に任せたほうがよいという考え方

です。これを**自由放任主義**（レッセ・フェール）と呼びました。もちろん私有財産を犯す強盗や人を殺す殺人者を逮捕したりするという夜警国家的な性格は当然残ります。階級社会になったとはいえ，国家は，人々を自然災害から守ったり災害の復旧をしなければなりません。さらに市民が利用したり消費したりする病院とか学校とか上下水道とか運輸機関などの共同管理的な業務を遂行しなければなりません。こうした**共同管理的な業務としての国家の役割**は，ますます強まったといえるでしょう。あるいは，議会制民主主義をとおしたより平和的な手段で政策を実行するようになったともいえるでしょう。こうした市場を前提とした利己心にもとづく自由な営利活動による社会進歩を唱えた経済学が**アダム・スミス**の『**国富論**』です。こう話しますと，みなさんはすぐにピンと感じるでしょう。現在においても，このような考え方を主張している人たちがいるわけです。新自由主義とか新保守主義といわれる人々です。現在では，小泉内閣や，そのブレーンとなっている経済財政諮問会議に集まっているような人たちの主張です。彼らはアメリカ的な自由な競争社会になればいいのだといっています。いいかえれば，彼らの主張は当時のスミスの主張にほかなりません。ですから，「スミスの功罪」というようなタイトルの本も出てくるわけです。

資本主義の自立化―機械制大工業

こうした自由放任政策をみなさんは高校で，「神の見えざる手」と教わってきたでしょう。こうした考え方が出てくる背後には，重商主義時代のように国家の力を借りずとも資本主義が自立できるようになってきたこと，いいかえれば，資本主義が確立したということがあります。資本主義は二つの意味においてジリツセイを獲得しました。第一の自立性とは自力がついたということであり，国家からインディペンデントになったということです。第二の自立性とは自律性をもってきたということであり，オートノマスに動くようになったということです。第一の自立性とは，**資本主義は国家の援助なしに賃金労働者を確保できるようになった**ということです。まず機械が導入されることによって**労働者が実質的に資本に包摂**されるようになりました。機

械制大工業の前の生産形態は，第5講で話しましたように**マニュファクチャー**でした。マニュファクチャー以前の**問屋制手工業**として分散的におこなわれていた生産を，工場のなかに労働者や生産手段を集め，工場全体として生産するようになりました。ですから生産力は非常に上昇しましたが，個々の労働者は時計のような工場全体の歯車あるいは器官となります。同時に，これは労働者の主体性というか熟練や技能や経験に大きく依存した生産体系でした。

　しかし，機械が導入され，それが蒸気によって動かされるようになると，個々の労働者の労働は機械を修理したり，機械と機械との間の製品を運んだり，機械そのものを動かしたり止めたりするという補助的なものになります。いわば労働者が機械に従属し，機械が生産の主体となります。こうなりますと**労働の創造性**とか**主体性**は喪失します。労働者の熟練や技能や経験は大幅に不必要化され，労働者を容易に解雇することができるようになります。ですから初期の労働者たちは，自分たちを失業に追い込むものは機械であると考え，**機械をぶち壊す運動**（ラッダイト）を展開しました。機械そのものが悪いのではなくその資本主義的な導入の仕方が問題だったのですが，当時の労働者たちにはそうした認識はありませんでしたから，機械こそ敵だと考えたのです。

　ともあれ大幅に熟練や技能や経験が必要とされなくなりますから，女性労働や児童労働という単純な労働が大幅に採用されるようになりました。現代だったら小学校教育を受けなければならないような児童が，当時は炭鉱のなかなどで働いていたのです。ご承知のように，発展途上国の児童はいまだにこれと同じ境遇にいます。あるいは，世界の工場としてのイギリスの紡績工場においては圧倒的に多くの女性労働者が過酷な労働条件のもとで働いていました。女性たちは安全性や衛生上劣悪な労働条件のもとで働いているわけですから，それは次世代の子供たちにも影響を与えるような状態でした。しかし機械の導入によって安くて単純な女性労働や児童労働が採用できるようになったことから，資本主義は国家の援助なしに労働力を確保することができるようになったのです。

資本主義の自律化—景気循環

　第二の自律性，オートノマスな運動とは何でしょうか。以前から好景気と不景気の繰り返しとしての景気変動はありました。また，チューリップの球根の値段や東インド会社の株価が急激にべらぼうに騰貴し，しかもそれがまた急激にしぼんで暴落してしまうという，いわゆるバブルの形成とその崩壊は，前の時代から発生していました。しかし自由競争段階になりますと，単なる景気の変動ではなくて，経済内部の要因によって循環的にあるいは周期的に，好景気と不景気が繰り返されるようになります。すなわち，回復と好況という上昇運動とそれが急激に崩壊する恐慌や停滞的になる不況が，周期的に交互に繰り返されるようになります。こうした運動のことを**景気循環運動**といいます。この景気循環を計量的および概念的に定義すれば，図13-1のようになります。

　景気が上昇していくということは，**資本の蓄積（投資）**が活発におこなわれることであり，したがって雇用される労働者の数も増えていきます。働く能力と意思があるのに職が見つからないで失業している人たちのことを**産業予備軍**と呼びます。資本主義経済は矛盾した経済で，働く人にとっては失業し産業予備軍になっているということは大変な困窮をもたらすわけですが，労働者を雇用する資本の側にとっては，絶えず産業予備軍が存在するほうが都合がよい。なぜかというと，景気がよくて儲けが上がり利潤が上がるときには，資本はどんどん投資をしたがりますが，そのときにすぐに働いてくれる人がいなければならないわけです。いくら機械に従属したとはいえその機械を動かすのは労働者ですから，投資をして機械を増やそうとすればそれを動かす追加的な労働者が必要になるわけです。資本蓄積が進んで産業予備軍が枯渇するようになれば，もはや剰余価値したがって利潤が生産されなくなります。これが一つの契機となって恐慌が起こり，景気が逆転していきます。恐慌を引き起こす原因はもっとたくさんありますが，とにかく景気が逆転して，恐慌・不況の景気下降の局面に向かいます。恐慌は，一面では企業が倒産したり，労働者が失業したり，売れない商品がタダ同然で捨てられていくというような大変な人的・物的な損失であります。資本主義経済の内在的諸

図 13-1　景気循環の計量的定義と概念的定義

景気循環の計量的定義

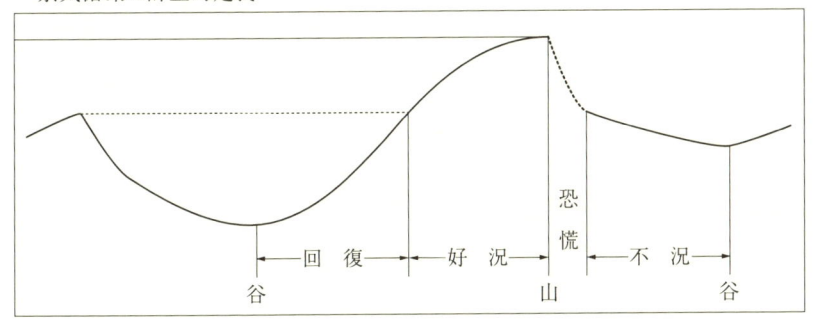

（グラフ：谷→回復→好況→山（恐慌）→不況→谷）

景気循環の概念的定義

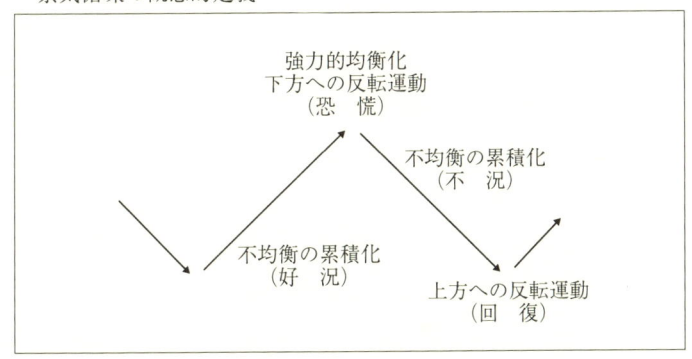

（図：不均衡の累積化（好況）→強力的均衡化 下方への反転運動（恐慌）→不均衡の累積化（不況）→上方への反転運動（回復））

出所：拙著『景気循環論』青木書店，1994年，17頁より。

矛盾が爆発する時期でもあります。しかし他方では，恐慌が起こることによって，再び失業者を生みだして，資本主義経済は産業予備軍を確保することができる。したがって，**景気循環運動によって資本主義経済は産業予備軍を確保することができる**ということです。一定の時間的幅をもって周期的に恐慌が起こるということは，周期的に産業予備軍を確保できるようになったということであります。このようにして資本主義経済は，**景気循環がオートノマスに起こる**ことによって，**産業予備軍も確保し，自立性を獲得して確立**したともいえます。

マルクス経済学の生誕—マルクス『資本論』

　資本主義が確立したこの時期の支配的な経済学は，アダム・スミスやデーヴィッド・リカードに代表される古典派経済学です。スミスは『国富論』において，分業から始めて，国の富の源泉は産業労働にあることを多面的に論じました。スミスはウィリアム・ペティにはじまる労働価値説を多面的に展開しましたが，そのなかの投下労働価値説を徹底させたのはリカードの『経済学原理』でした。この古典派経済学から，マルクス経済学や近代経済学が出てくるといってよいでしょう。カール・マルクスは，前に説明しましたように，労働の二重性把握の基礎のうえに投下労働価値説をさらに徹底化させたといってよいでしょう。マルクスは，経済学的にはイギリスの古典派経済学を批判的に継承し，哲学的にはドイツ哲学とくにヘーゲルの弁証法哲学を唯物論的に転換し，社会主義思想や運動はフランスの社会主義から学びました。これをマルクス主義の三源泉と，のちにレーニンが呼びました。イギリスのロンドンに亡命したマルクスは，貧困な生活のなかで毎日のように大英博物館に通い，経済学の研究に没頭します。しかしマルクスの生まれはドイツで，学生時代はベルリン大学で歴史学や法律を勉強するかたわら，ヘーゲルの哲学に熱中しました。その観念論的弁証法を唯物論的弁証法にひっくり返し，それを経済学研究に利用します。ですからマルクスは古典派経済学をたんに継承したのではなく，それを批判的かつ弁証法的に再構築したということになります。リカードが徹底化した投下労働価値説とマルクスの投下労働価値説を基礎とした剰余価値の説明との間にはたいした距離はありません。リカードとマルクスの間にリカード派社会主義者たちがいました。彼らはリカードの投下労働価値説をふまえ，労働が新価値を生みだすのだから，剰余価値（利潤）も労働者が取得すべきだという「労働全収益権」を主張しました。マルクスは前に説明しましたように，労働力の商品化を発見し，労働力の価値と労働力の使用価値とを区別して剰余価値を説明しました。そして，剰余価値が生産され資本家がこれを取得するのは，商品経済が資本主義化している必然的結果であるとしました。労働者が生産した剰余価値を，労働者を雇用した資本家が取得してしまっているから，剰余価値が搾取されている

と論じました。したがって資本主義社会は搾取社会であることになります。また，マルクスは，リカード派社会主義者が主張するような「労働全収益権」は資本主義の枠組みのなかでは不可能であり，「資本＝賃労働」関係を廃棄した社会においてのみ可能だとしました。そしてその将来的社会としてマルクスは**共産制社会**を展望しました。

近代経済学の源流―限界学派

　古典派経済学は資本主義経済の構造なり循環なり発展を科学的に分析していこうとしました。ところが限界学派の人たちは，資本主義経済という特殊・歴史的な枠組みを取り外してしまい，資本主義を経済一般に還元してしまって，結果的には資本主義を弁護するような経済学を展開しました。これをマルクスは軽蔑して俗流経済学と批判しました。オーストリアの**カール・メンガー**，スイスの**レオン・ワルラス**，イギリスの**スタンレー・ジェヴォンズ**というような人たちは，マルクスの商品分析でいえば使用価値である効用から出発します。商品の効用である有用効果が商品の価値を決めるという**効用価値説**です。商品１単位を追加的に消費するときに得られる効用のことを**限界効用**といい，一定の予算のもとで各商品の限界効用が均等化するときに効用の極大化が達成される。限界効用が量的に定義されれば，これは数学的に微分によって証明できます。このことを**限界効用均等の法則**といいます。生産の場合でも，ある予算のもとで，機械や原料や労働力をどれだけ投入すれば最大の生産ができるかという問題が生じます。生産要素を１単位追加的に投入して増加する生産額のことを**限界生産力**といい，この限界生産力が均等化するときに生産の極大化がやはり達成されます。このことを**限界生産力均等の法則**といいます。この限界学派がその後の近代経済学の源流となります。マルクスが資本主義社会は搾取社会だと論定したのに対して，この限界学派は，各生産要素の所有者に等しい報酬をもたらすとして所得を説明し，資本主義社会を平等社会のように説明します。その後，**労働価値説か効用価値説かという論争**が絶えず繰り返されてきました。なかには，価値というようなものは経済学の体系から排除してしまうほうがいいというような考え方も出

てきました。

レポート課題「マルクスと限界学派を比較しなさい」

> **講評** マルクスについてはだいたい理解してもらえたようですが，限界学派については説明が不十分だったような気がします。レポートのなかには，限界学派は平等主義を唱えたという答えもありましたが，彼らは平等社会を主張したというのではなく，資本主義社会が平等社会であるかのように説明したということです。マルクスは，資本主義社会は搾取社会であるから，それを超えた平等社会としての共産制社会を主張しました。

より深く学習するために
スミスの体系を市民社会の体系として総括した書物として，
［１］高島善哉『アダム・スミスの市民社会体系』（著作集第6巻）こぶし書房，1998年
マルクス経済学を含めた現代の経済学にいたる流れについては，
［２］杉本栄一『近代経済学の解明』上・下，岩波文庫，1981年
リカードの人と学説については，
［３］真実一男『リカード経済学入門』（増補版）新評論，1983年
マルクスとミルは同時代人ですが，革命を主張するマルクスと改革を主張するミルとを対比した書物として，
［４］杉原四郎『ミルとマルクス』（増訂版）ミネルヴァ書房，1967年
［５］拙著『経済学原論』青木書店，1996年の第5章では，自由主義段階の資本主義を説明しています。

第14講　成熟し腐朽化する資本主義と経済学の展開

競争の独占への転化―独占資本主義の成立

　資本主義は19世紀末から20世紀の初頭にかけて，自由競争段階から独占段階の資本主義あるいは**独占資本主義・帝国主義の時代**に移っていきました。第二次世界大戦後の資本主義も依然として独占資本主義であるといってよいのですが，しかし20世紀初頭とは大きく違っていることが，ここでは重要となります。きょうはこの独占資本主義について話しましょう。大きな構造的な変化として自由競争が独占に転化しました。そして，産業独占と銀行独占が融合ないし癒着した**金融資本**が新たな支配的な資本として登場します。原始蓄積段階の支配的な資本は**商業資本**であり，自由競争段階の支配的な資本は**産業資本**です。この独占資本主義の指標はレーニンの『帝国主義論』によれば，①**独占**を生みだすほど高度な生産の集積，②日本の財閥や企業集団のような**金融資本**の成立，③商品の輸出とともに，資本の輸出が典型的になる。**商品輸出**とは国内で生産された商品を外国に売ることです。**資本輸出**とは，資本を海外にもっていきそこで直接利潤を生産するか，あるいは貸し付けて利子を獲得することを目的とした資本の国際的な移動です。さらに，④独占資本は国内的に支配するだけでなく，各国の独占資本が結びついて国際カルテルが結成されます。たとえばドイツの鉄鋼会社，イギリスの鉄鋼会社，アメリカの鉄鋼会社が世界の鉄の生産量や価格を協定する。⑤そして，この時期の世界はすべて植民地化していました。原始蓄積段階からすでに植民地がつくられてきましたが，この時代になるともはや帝国主義列強といわれる国を除いた地域はすべて植民地や半植民地状態になっていますから，それを奪いあう闘争すなわち**植民地再分割闘争**が支配的になります。**帝国主義列強**たるイギリス，フランス，ドイツ，アメリカ，イタリア，ロシア，そして遅れて日本が激しく植民地の再分割をめぐって戦います。したがってこの時代は

列強の対立の時代であり，イギリスをドイツとアメリカが追迫している時代であり，単独のヘゲモニー国家が不在の時代だったといえます。

戦争と革命の時代の到来

　そしてこの時代の先端的な産業は，綿工業から重化学工業に変わりました。すなわち，鉄鋼・電気・機械・化学の時代で，石炭の代わりに石油を燃やしディーゼル・エンジンが使用され，またエネルギーとして電気が導入されます。しかしまっさきに重化学工業を建設するのは，当時ヘゲモニーを握っていたイギリスではなくてドイツとアメリカでした。両国では，株を発行して社会全体から資金を集める**株式会社組織**によって，巨大な資本を必要とする重化学工業を建設しました。しかし第一次世界大戦までは，イギリスは金本位制を維持しまた自由貿易政策を堅持しました。そして貿易や金融の面においてはイギリスが依然として中心でした。それに対して，ドイツやアメリカは国内の独占的産業の利益を守るための**関税政策**を展開します。植民地をめぐっては，**自由貿易政策**を堅持しようとするイギリスと，資本輸出を中心として植民地の再分割を求めるドイツとが激しく対立します。たとえばアフリカにおいては，北から南へと縦断しようとするイギリスと西から東へと横断しようとするドイツとが激しく対立します。しかもこの**植民地獲得競争**は，**金融資本の経済的利害関係によって促進**されていますから，その最終的な解決は軍事力によるしかありませんでした。

　もちろん戦争の必然性は経済的理由だけでなく，民族的・軍事的・政治的なさまざまな要因の複合作用によります。20世紀というのはその意味では，戦争とロシア革命に代表される革命の時代だったといえます。**20世紀前半の世界は2度にわたる世界戦争と1929年の大恐慌を経験**しました。その意味では資本主義という体制そのものの存在が脅かされたといってよいでしょう。ご承知のように，第一次世界大戦はオーストリアの皇太子がセルビアで暗殺され，オーストリアの背後にいるドイツがセルビアに侵攻する。それに対してフランスとイギリスが対抗的に戦争に突入してきます。アメリカは，最初は中立の立場で両陣営に武器を輸出して儲けていたわけですが，アメリ

カの輸送船がドイツの潜水艦に撃沈されたことを口実としてイギリス・フランス側に武器はもとよりおカネを貸し付けます。**各国とも金本位制を停止し**ます。その結果，戦後，アメリカが債権国になります。ドイツは負けるわけですが，その直前にロシアにおいて社会主義を目指した革命が成功します。**ウラジミール・レーニンが**指導する**ロシア社会民主党ボリシェビキ派**は，この戦争は経済力を独占している金融資本とドイツやロシアの独裁的な帝政権力とが結びついた戦争であり，ロシアとドイツの労働者階級が戦場で銃を向けあう必然性はまったくないと主張し，むしろ帝国主義戦争をやめて社会主義革命を起こすことを呼びかけます。いわゆる「**帝国主義戦争を内乱に転化せよ**」というスローガンがそれです。1917年の5月に民主主義（市民）革命が起き，11月にはのちにソ連邦となる**ソビエト社会主義共和国同盟**が樹立されます。ドイツやハンガリーにおいても革命が起こりますが，それは無残に鎮圧されます。レーニンたちはやむをえず**新経済政策（ネップ）**に転換し，1国で社会主義を建設していかざるをえなくなります。

1929年大恐慌と30年代大不況—国家独占資本主義への移行

また敗れたドイツでは連立政権としての**ワイマール共和国**が成立しますが，大インフレーションが起こったり，莫大な賠償金を取られることによって，大混乱と困窮に陥ります。アメリカが援助し，フランスやイギリスは賠償金として取り立て，それをアメリカへの債務の支払いにあてるという，国際的な資金循環が形成されます。イギリスは1925年に金本位制に復帰し，資本主義世界は相対的に安定します。アメリカでは1920年代に耐久消費財ブームが起こります。ガレージには車が2台あり，冷蔵庫のなかには丸焼きのチキンがあるほど豊かになったと，時のフーバー・アメリカ大統領が謳歌したその直後に，**株式市場が大暴落して1929年世界大恐慌が起こります**。実体経済のほうはすでに1927年を境として**停滞的**となっていました。企業の利潤率が低下し，企業の操業状態を表わす操業度（稼働率）も低下していきます。資本はしたがって株式市場のほうに流れていきました。しかしバブルはバブルですからいつか**破裂**します。1929年の11月，アメリカのウォール・ストリ

ート街で株が大暴落し，それがきっかけとなって恐慌が世界各地で勃発します。日本はその2年ほど前から不況であり，**昭和の金融恐慌**に陥っていました。産業界が不振であるばかりか銀行が倒産していきます。これから抜けだすための緊縮財政政策が展開され，金本位制にも復帰していこうという時期に**アメリカ発の世界大恐慌**の波に巻き込まれます。

　日本はこの大恐慌からの脱出策として軍国主義への道を歩みます。すなわち，財政的には軍事支出を増やそうとする軍部の圧力に，時の蔵相・**高橋是清**（高橋財政）が譲歩を続け，失業者を救済するために中国大陸の東北部（「満州国」）に移住させ，そこの資源である石炭や鉄鉱を確保するという海外侵略の政策をとりました。アメリカでは**ニューディール政策**が実施され，公共投資を中心とした政府支出を増やし，失業を解決しようとしました。政府は積極的に赤字財政を組んでも支出を増やし，民間に有効需要を注入し，それをテコとして景気を回復し失業を救済しようとする**金融・財政政策**をとり始めました（**ケインズ政策**）。ただし私は，このケインズ政策は実験的なものであり，成功はしなかったと考えています。すなわち失業問題は解決されず，結局は太平洋戦争（1941〜45年）に突入することによって超完全雇用状態を実現していきました。

東ヨーロッパと東アジアでの人民民主主義共和国の成立

　戦争が終結に向かうにつれて，同じ連合国側のアメリカとソ連が解放（占領）地を拡大しようとする競争に突入します。ソ連は最初ドイツに侵攻され，祖国防衛戦争に国力を傾けるのですが，日本との間には不可侵条約が結ばれていました。しかし終戦直前にソ連は一方的にこれを破棄し，「満州国」になだれ込んできました。「満州国」にいた日本人は大混乱に陥り，旧関東軍の兵士たちがシベリアに抑留されるという不幸な事態になりました。結局，米ソの「解放競争」は，朝鮮半島やドイツが分断されて終結します。日本は広島と長崎に原爆を投下されたことによってようやくポツダム宣言を受け入れて降伏し，アメリカ陣営の単独占領状態に入りました。当時の戦争遂行者たちの降伏時期が正しかったのか，また戦争責任はだれにあったのかについ

ては歴史的な論争になりました。戦争が終わると東ヨーロッパでは，人民民主主義共和国が成立しました。また中国大陸では，日本軍に対してともに戦った中国共産党と国民党とが内戦的な状態に突入し，やがて国民党は台湾に追いだされ，1949年10月1日に**中華人民共和国**が成立します。戦中までの植民地は独立し，民族が解放されました。まさに20世紀の前半は戦争と革命と大恐慌の時代でした。終戦直前に，こうしたことを再び繰り返さないような戦後体制が考えられ構想されました。これについては次講で話しましょう。

マルクス派の展開

　独占段階において経済学はどのように展開したのでしょうか。前講で，**自由競争段階の後半において，マルクス経済学と近代経済学の源流が形成された**ことを説明しました。ここではまずマルクス経済学の展開について話しましょう。自由競争段階から独占段階へと資本主義が大きく変化していくとき，**ドイツ社会民主党内で修正主義論争**が起こります。それは，変化しつつある資本主義を前にして，資本主義はマルクスが予想したようになっているのだろうかという論争であり，社会民主党の政治路線を左右する論争でもありました。恐慌はますます激しくなるのだろうか，農民は没落していくのだろうか，労働者階級はますます貧困化していくのだろうか，と問題を提起したのが**エドアルド・ベルンシュタイン**という人物です。これに対してマルクスの命題を擁護しようとしたのは正統派といわれる人たちであり，**カール・カウツキー**に代表されました。しかしこの論争は両方とも一面的であったといわざるをえません。資本主義が変化しているのですから，マルクスの主張があてはまらなくなる側面が出てくるのは当然です。しかし資本主義が変化しているのであって資本主義がなくなっていくのではないわけですから，依然としてマルクスの命題が基本的にあてはまる側面も十分にありました。資本主義が資本主義である以上，その基本的・一般的な法則は独占段階においても貫徹します。しかしその表われ方は変わっています。したがって，どのように法則が発現しているのかという「**法則変容論**」を展開しなければなりませんでした。

これをやろうとした古典的な著作は，ルドルフ・ヒルファディングの『金融資本論』であり，それをふまえながらさらに展開したレーニンの『帝国主義論』でありました。しかし，国際的な労働・社会主義運動の結集体である**第二インターナショナル**には，帝国主義をめぐって深刻な意見の対立がありました。カウツキーたちは，帝国主義とは政策であるから，政策転換をして平和的に戦争を回避することができると考え，社会主義革命の前に祖国防衛ということを優先させなければならないと主張しました。それに対してレーニンは，さきほど話したように，帝国主義というのは政策的に変えられるようなものではない金融資本の本質的な体質であるから，金融資本を打倒し社会主義革命を成功させなければ戦争を避けることができないと主張し，帝国主義戦争を内乱に転化するという主張をしました。この二つの考えが第一次世界大戦後も引き継がれていきます。ロシア革命を成功させたレーニンたちは**共産主義**の流れを形成していきます。カウツキーたちはワイマール共和国の連合政権に参加し，やがて**社会民主主義**の流れをつくりだします。このように社会主義運動は世界的に共産党と社会民主党とに分裂しました。その後の社会主義運動は社会民主党系と共産党系に分かれました。

近代経済学の展開―新古典派，ケインズ派，新新古典派

　最後に近代経済学の展開を取り上げましょう。近代経済学の源流は**限界学派**であったわけですが，その価値論は**効用価値説**であり，イデオロギー的な主張は資本主義を平等社会であるかのように説明する「**三位一体説**」でした。この限界学派はそれぞれの地域において独自の学派を形成していきました。メンガーに始まる**オーストリア学派**，ワルラスに始まる**ローザンヌ学派**，そしてジェヴォンズの系統を引き継いだのがイギリスの**マーシャルの経済学**だといってよいでしょう。しかし，アルフレッド・マーシャルに代表される**新古典派経済学**の枠組みを基本的には引き継ぎながら，その均衡論的価格分析をマクロ的な所得分析に転換したのがジョン・メイナード・ケインズでした。ケインズ以前の新古典派経済学は，今日のいわば**新新古典派経済学**と似ています。**経済は価格メカニズムによって自動的に均衡化していくから**，景気循

環運動とか恐慌は基本的に起こらないと主張しました。また，政府はなるべく経済活動に介入しないほうが自動的に均衡が達成されるとしました。ですから，財政政策としては健全財政主義であり，税収にみあった財政支出に限定すべきであると考えました。しかしケインズは，さきほど話しましたように，民間活動に任せておくとだんだん投資が衰えていき停滞的になり，失業が増えてくるから，国家が赤字財政を支出して有効需要を外部から注入し，景気を回復させなければならないと主張しました。第二大世界戦後，ケインズ経済学が**近代経済学**の主流となりましたが，それが**スタグフレーション**をもたらし失敗することによって，それを批判するという形で現代の新新古典派経済学というものが登場してきました。この**新新古典派経済学**と，**ケインズ経済学**と，**マルクス経済学**が，日本の経済学の大きな流れです。

レポート課題「20世紀前半とはどのような時代だったか？」

> **講評** 感想なり意見を自由に書いてもらいました。講義では，20世紀前半は戦争と革命と大恐慌の時代であり，激動の世紀だったと説明しました。多くのレポートにはこれに関する感想が書いてありました。なかには，20世紀前半は後半につながり，そして21世紀の現在がある。だから連続と断絶との双方から考えていかなければいけないという意見もありました。そのとおりだと思います。

より深く学習するために

マルクスとエンゲルスの著書・論文・遺稿・書簡などを項目別に体系的に整理した世界的事典として

［1］久留間鮫造編『マルクス経済学レキシコン』大月書店，第1～15巻，1968-85年があります。

独占資本主義を分析した古典として

［2］ルドルフ・ヒルファディング『金融資本論』（各種の訳本あり）

［3］ウラジミール・レーニン『帝国主義論』（各種の訳本あり）

1930年代の資本主義の変化と関連づけて近代経済学の史的展開を説明した書物として，

［4］宮崎義一『近代経済学の史的展開』有斐閣，1967年

新新古典派と対比してマルクス経済学の基礎を展開したものとして，
［5］Howard Sherman, *Foundations of Radical Political Economy*, M. E. Sharpe, Inc., 1987
［6］拙著『経済学原論』青木書店，1996年の第6章では，独占段階の資本主義を説明しています。

第15講　国家による組織化を強めた資本主義
　　　　　（現代資本主義）

国家による資本主義の組織化
　第二次世界大戦後の資本主義は**独占資本主義**ですが，**国家**（中央政府と地方自治体）が大々的に経済過程に介入している資本主義ですから，**国家独占資本主義**とも呼びます。**重商主義段階**においては，国家は「**資本＝賃労働**」関係を生みだすために大々的に経済過程に介入しましたが，**自由競争段階**になると経済過程から退きました。しかし**独占段階**に移ると国家は再び経済過程に介入してくるようになります。第二次世界大戦後はそれが飛躍的に増大しました。いいかえれば，**現代の資本主義は国家の支えなしには独り立ちできない資本主義**であるといえます。

東西関係―冷戦体制
　それでは戦後の経済と社会にはどのような特徴があったのでしょうか。まず戦後の世界体制を見てみましょう。政治的・軍事的には，東西両陣営が激しく対立し競争しました。これを**東西関係**あるいは**冷戦体制**と呼びます。この冷戦体制は**1991年にソ連邦が解体**することによって崩壊し，その後，国際関係は新しい時代に入りました。ともあれ戦後40年以上は東西対立の時代であり，西側陣営はアメリカを中心とした資本主義世界であり，軍事的には北大西洋条約（NATO）で結ばれていました。日本は西側陣営の一員として占領状態から独立し，占領軍撤退後も米軍には国内に基地を提供し自由に使わせるという**日米安保体制**のなかで，もっぱら経済再建にまい進してきました。他方の東側陣営はソ連と東欧のいわゆる「社会主義国」であり，軍事的にはワルシャワ条約機構で結びついていました。ちょうど地球儀を北極から見ればその対立がよくわかります。ユーラシア大陸と北アメリカ大陸とがま

さにミサイルでもって向かいあい，軍備拡張競争を中心として，経済的・外交的にも激しく対立しました。

国際経済体制―IMF＝GATT体制

　資本主義諸国を中心とした国際経済はIMF＝GATT体制といえます。IMFとは**国際通貨基金**のことで，GATTは**関税と貿易に関する一般協定**のことです。終戦直前の1944年にアメリカの東海岸にあるブレトン・ウッズというところで，戦後世界の経済体制のあり方について連合国側の会議が開かれました。ケインズもイギリス代表としてこの会議に出席しました。ここでは1930年代に各国がブロック経済に走り，世界貿易が大々的に縮小して，第二次世界大戦を引き起こす要因になったという反省をふまえて，戦後のあり方が討議されました。国際通貨基金は，アメリカを中心として各国が基金を供出し，通貨の切り下げを余儀なくされるような弱い国に資金を貸し付けて，為替を安定化させようとするものです。30年代のように，各国が為替を切り下げ輸出競争に走るようなことを避けようとしたわけです。実際はアメリカが圧倒的な経済力をもっていましたから，事実上は「**ドル本位制**」といえるのものです。

　国際通貨体制としての特徴は，アメリカの中央銀行券たるドルと金との交換が各国の中央銀行間で限定的に保証されていました。すなわち1オンス（約28グラム）の金を35ドルとし，アメリカ以外の国の通貨は固定された相場で結ばれました。ですから，アメリカ以外の国の通貨も間接的には金とつながっていたといえます。各国にはこの固定相場を維持する義務が課せられました。日本の円はドッジ・ラインによって1ドル360円とされました。民間人や民間企業は円を金に兌換することはできませんでした。日本政府はドルを外貨準備として保有し続け，金との交換を要求しませんでした。フランスのような国はナショナル・インタレストが強く，金との交換を要求していきます。ともあれこのIMF体制は，一面では限定的ながら**金為替本位制度**としての金本位制の性格をもっていました。しかし，事実上はドルが国際通貨として利用されましたからドル本位制でもあったのです。ところがアメリ

カは，国際収支が赤字化しドルと金との交換に応じられなくなってきます。ついには1971年8月15日に一方的にドルと金との兌換を放棄してしまいました。そして為替相場は外国為替市場での需要と供給の関係によって変動する**変動相場制**に変わりました。これは戦後の世界を大きく変える出来事でした。

　入学試験の面接で受験生に，どういう経済問題に関心がありますかと質問しますと，「為替相場です」という答えが多く返ってきますが，これは日々ニュースで報じられていますから関心が高いのでしょう。しかし，自分の身近な生活のなかでこの為替相場がどう影響するのかまでは考えていないようです。為替相場の変動は，国際的な金融取引や投機活動をしている人たち，あるいは輸出入をする業者や企業にとっては死活の問題です。私たち国民の日常生活や学生生活にとって身近な問題としては，マクドナルドのハンバーガーや，コーヒー1杯の値段がどうなるかとか，輸入した高級製品がどれだけ安く買えるかという価格の問題でしょう。ともかくこれがIMF体制の現実です。

　GATT体制のほうはどうか。この体制は，各国の関税をなるべく引き下げて貿易を自由化していこうというのがその本来の趣旨です。これは1930年代の関税戦争による世界貿易の大幅な縮小という苦い経験を再び繰り返さないようにしようとする体制です。1950・60年代は世界的な高度成長の時期でした。そのうえ，生産の伸びを貿易の伸びが上回っていました。その意味ではIMF＝GATT体制はうまく機能していたといえるでしょう。しかしその背後では，**貿易摩擦**とか，**保護貿易の傾向**がありました。1995年にGATTは**WTO（世界貿易機関）**に改組され，その対象に新たに知的所有権などが加わり，また罰則を科す権限をもつように強化されました。このWTOを舞台にして各国の利害関係が対立したり，調整されたりしてきました。

南北問題―格差の固定化

　南と北の関係には，**南北問題**すなわち北と南の経済格差の問題があります。南の発展途上国の開発問題です。これらの国々は，第二次世界大戦前は植民地状態にありました。経済はもとより政治的・軍事的・文化的・宗教的に植

民地本国に支配されていたのです。これが戦後，続々と政治的独立を達成しました。いまのパレスチナ紛争の根因は，戦争中にイギリスが両民族に独立を保証していたにもかかわらず，その境界をはっきりさせなかったことから生じています。南の諸国は政治的に独立したものの，その多くでは経済的な自立化は達成されませんでした。1人あたりの所得格差，あるいは文化・健康・衛生面での水準の格差，これらが依然として解決されず，かえってその格差が拡大さえもしています。そうしたなかで1980年代において，東アジアのNIES（新興工業経済地域）が工業化に成功しました。これは例外的なことで，当時，「東アジアの奇跡」と呼ばれました。発展途上国はなぜ開発が遅れるのかということをめぐり，戦前とは形を変えた新植民地主義が貫徹しているからではないかという議論も登場してきました。多国籍企業は現代的な帝国主義的侵略をしているのではないかという見方も出ています。発展途上国も成長はしているのですが，同時に人口も爆発的に増大しますから，1人あたりの所得水準は上昇しないのです。これが南北問題の実態です。

タブーを破る科学＝産業革命

　第二次世界大戦後は，第三次産業革命といわれるように科学・技術が驚異的に発展しました。これをたんなる技術の問題ではなく，科学＝産業革命と規定しました。これについては第4講で話しましたが，技術開発はイコール進歩ではないし，同時にかえって人間の生命や尊厳を脅かすものとなる危険性をもってしまったわけです。戦後，技術として新しく登場してきたものは，**原子力，航空宇宙技術，エレクトロニクス，そしてさまざまな合成物質**でした。現在でも，情報通信革命とかバイオ革命とかいわれますが，前者は航空宇宙技術とエレクトロニクスが結合したものであり，バイオは合成物質の先端的な分野といえるでしょう。なかにはクローン技術のように，これまでの人類のタブーを破るものまで出現してきました。しかし，これらは基本的には戦後の技術開発の延長線上にあるもので，新しい技術体系が開発されたとはいえないと思います。もちろん，**情報通信革命とかバイオ革命**が巨大な影響を人間の生活に及ぼすことは確実です。

以上が戦後世界の諸特徴です。

国家の役割の飛躍的増大

　つぎは国家の役割です。現代資本主義は国家独占資本主義と呼ばれるように国家が経済過程に全面的に介入してきている資本主義です。もちろん自由競争段階においても，**国家は経済の背後において共同管理あるいは共同消費的な機能を果たさなければなりません**でした。こうした国家の機能は現代においても貫徹しています。日本においても，究極的には自由民主党を中心とした**政・官・財複合体制**が独占的大企業の利益を貫徹させていますが，同時に日本国憲法が保証するさまざまな市民的権利を踏みにじることはできず，それらを曲りなりにも守ってこざるをえなかったわけです。このように国家は二重性をもっています。

　ここで問題とすべきは，国家の経済過程への介入です。**資本の循環運動**のことは前に話しましたが（第11講），その生産・流通・信用関係に国家が全面的に介入しています。信用関係への介入が**金融政策**であり，利子率を操作したり，国債を売買したり，銀行の準備率を規制したりします。資本の流通過程においては，**財政政策**でさまざまな企業の商品を買っています。その典型例は自衛隊の兵器購入です。重工業会社がつくりだした兵器を買ってやっているわけです。あるいはさまざまな公共投資でゼネコンの建設したものを買っているわけです。あるいは**所得再配分政策**で，金持ちや企業から多くの税金を徴収して貧しい人に支給する。あるいは，いろいろな福祉事業をして無料に近い値段で国民一般に利用させる。このように国家は，直接的・間接的に企業の販売を助けているのです。また資本は生産を始めるときに原料などの商品を調達しなければなりませんが，国家はその重要な原料を備蓄という形で確保しています。たとえば石油は日本列島の海岸地帯に備蓄されています。だいたい半年分，170日分の国内消費量が備蓄されているといわれます。もちろんこれは国民生活にも使うわけですが，やはりその主要なものは石油をエネルギー源として使う重要産業に供給されるでしょう。あるいはさまざまな労働力を確保するための労働政策を展開します。また生産過程にお

いては，国家は企業に国際競争力をつけるために海岸を埋め立てて工業用地を提供し，あるいはさまざまな科学・技術を国家資金を使って開発してきました。こうした分野は個々の企業で負担すれば莫大な資本量がかかりますから，国家がこれを肩代わりし，結局は企業のコストを安くしてきたわけです。ロケットを打ち上げる宇宙開発事業団などには国家資金が優先的に回されますが，その最終的目標は民間企業に任せ採算がとれるようにすることです。

レポート課題「戦後はどういう体制であったか，また現在はどう変化しているか」

講評 いずれも講義内容をふまえながらも自由に書かれていました。どのように書かなければならないというような問題ではありません。自分で考えてもらいたいという趣旨です。私の考えは第19・23講でお話しします。

より深く学習するために

[1] 大内力『国家独占資本主義』東京大学出版会，1970年
[2] 大内力『現代資本主義の運命』東京大学出版会，1972年
[3] 大内力『国家独占資本主義・破綻の構造』御茶の水書房，1983年
[4] 北原勇・鶴田満彦編『現代資本主義』（資本論体系第10巻）有斐閣，2001年
[5] 拙著『経済学原論』青木書店，1996年，第17章
[6] 拙著『現代資本主義の循環と恐慌』岩波書店，1981年，第 1 章
　　[1]・[2]・[3] は「宇野学派」の代表的な国家独占資本主義論であり，[4] は「正統派」の諸見解が網羅されています。[5] では戦後体制を概観し，[6] では国家の経済過程への政策的介入を概観しています。

[IV]

資本主義経済の運動

第16講　価格はどのようにして決まるか

　きょうからまた資本主義経済の理論に戻ります。**商品，貨幣，資本**そして**資本主義経済**については前に話しましたが，今度は，価格とは何か，あるいは生産はどうして繰り返されるのか，あるいは収入（所得）はどうして生まれてくるのかという話になります。きょうは，**価値と価格**です。内容的にいえば**市場価格・独占価格・生産価格**，そして**労働時間によって決まる価値**の説明です。

市場価格—日々の需要と供給によって決まる

　市場価格（market price）とは市場で売り買いするときの値段のことです。市場といっても朝市のような市場からインターネットで取引するような市場まで多種多様あります。それはともかく，市場に持っていく商品量とそれを売りたい値段で掛けたものを**供給**と呼びます。また市場に貨幣を持って出かけ，買いたい商品量と値段を掛けたものが**需要**と呼ばれます。**値段はこの供給と需要とが一致するように決まります。この値段のことを市場価格**といいます。商品経済は前に話しましたように，市場価格の動きによって社会の需要というか必要を認識することができます。すなわち，買いたいという需要のほうが大きいときには価格は上がりますし，売りたいという供給のほうが多いときには価格は下がります。こうした価格の上下運動によって需要と供給が調整されるわけです。現代でもこうして市場での需要と供給の関係によって価格が決まる商品はたくさんあります。競争が制限されていない市場で取引される「**自由競争的商品**」です。たとえば，野菜とか魚がそうであり，ラーメンとかの外食産業もそうです。典型的なのは株や外国為替の値段です。株や外国為替（外貨）は本来の商品ではありませんが，擬制的に商品化して売買されています。こうした商品を**擬制資本**と呼びます。

独占価格――企業が独占力によって設定する価格

つぎは**独占価格**（monopoly price）です。ビールや自動車や鉄のような商品です。これらは需要と供給によって価格が直接決まっているわけではありません。独占的大企業が独占力を行使して設定した価格を需要者側は受け入れているのです。もちろん価格をあまり高く設定すれば，消費者は購入を控え代替的な商品で満足しようとするでしょう。たとえばビールが高すぎれば日本酒に変えるでしょう。もちろん価格も変動します。しかし「自由競争的価格」は日々変動しますが，独占価格は一定の期間は不変に維持され，段階的（階段状）に吊り上げられたり，引き下げられたりします。どの水準に独占価格が設定されるのかについてはいろいろな説がありますが，参入を阻止できる水準に設定されるという説が有力です（**参入阻止価格論**）。競争が独占によって制限されていますから，独占価格は競争が自由なときの市場価格より高い水準に設定されています。「自由競争的価格」のことを独占価格に対比して**非独占価格**とも呼びます。高く設定されていることは商品1単位あたりのマージンなり利潤率を調査してみれば明らかです。**マージン**とは，価格から原価を引いた利潤（利益）を原価で割ったものです。**利潤率**とは，利潤総額を投下資本（使用した資本）で割った値です。利潤の源泉は，前に話したように剰余価値です。

生産価格――利潤率を均等化する価格体系

それでは独占が成立していなかった自由競争の時代にはどのような価格の体系が成立していたのでしょうか。結論からいえば，**市場価格**は**生産価格に収斂する**傾向にありました。自由競争が貫徹するということは，資本が産業間を自由に参入したり退出したりできること，いいかえれば自由に営利活動の分野を選択できることを意味します。いま簡単化のために産業内部では技術の格差がないとしておけば，利潤率の低い産業から高い産業に商売をかえる競争が起こります。こうした競争のいきつく先は，各産業の利潤率が均等化することです。この均等化した利潤率のことを**一般的利潤率**，各産業の利潤率を均等化させる各産業の価格を**生産価格**と呼びます。したがって**生産価**

格は，**費用価格＋平均利潤**となります。費用価格とは，原料費や機械・設備の減価償却費や賃金などの人件費です。平均利潤とは，投下した資本量に一般的利潤率を掛けたものです。技術の変化（技術進歩）があれば生産価格は低下していきます。歴史的にも自由競争段階では価格が低下する傾向がありました。

価値の体系

この生産価格の背後に，前に話した価値があります。第6講で**サープラス**を説明したときの生産構造を利用しましょう。すなわち，

Ⅰ 生産手段を生産するための生産手段（K_1）と生産手段を生産するための労働力（L_1）の投入→生産手段（W_1）が生産される

Ⅱ 生活手段を生産するための生産手段（K_2）と生活手段を生産するための労働力（L_2）の投入→生活手段（W_2）が生産される

でした。さらに第10講で剰余価値を説明したときと同じく，1人の賃金労働者が働く時間をT，生産手段の価値をt_1，生活手段の価値をt_2とすれば，第1・第2部門（Ⅰ・Ⅱ）の価値総量は以下のようになります。

$$K_1 \times t_1 + L_1 \times T = W_1 \times t_1$$
$$K_2 \times t_1 + L_2 \times T = W_2 \times t_2$$

上式を生産物で割って単位あたりで表現すれば，

$$t_1(1/\alpha_1) + \beta_1/\alpha_1 \times T = t_1$$
$$t_1(1/\alpha_2) + \beta_2/\alpha_2 \times T = t_2$$

$1/\alpha$ は K/W であり生産物1単位あたりの**資本投入係数（資本係数）**，β/α は L/W であり生産物1単位あたりの**労働投入係数**です。$1/\beta$ は K/L であり**資本の技術的構成**と呼びます。

価値の計算例

上式において，$\alpha_1=2$，$\alpha_2=3$，$\beta_1=1.5$，$\beta_2=2$，T=8（時間）とすれば，上の価値方程式は，

$$t_1(1/2) + (3/4) \times 8 = t_1$$

$$t_1(1/3)+(2/3)\times 8=t_2$$

連立一次方程式となりますから，$t_1=12$（時間），$t_2=28/3$（時間）とそれぞれの価値が求められます。

レポート課題「価値の計算例でT＝12として価値を計算しなさい」

講評 $t_1=18$，$t_2=14$。ほとんどが正解でした。

より深く学習するために

［1］パオロ・シロス-ラビーニ（安部一成ほか訳）『寡占と技術進歩』（増訂版）東洋経済新報社，1971年
［2］高須賀義博『現代価格体系論序説』岩波書店，1965年
［3］北原勇『独占資本主義の理論』有斐閣，1977年
［4］拙著『経済学原論』青木書店，1996年の第11章，第18章

　［1］は参入阻止価格論のオリジナル文献であり，［2］・［3］はそれをマルクス経済学の価値・価格論のなかに位置づけたものです。［4］の第11章では生産価格と価値について，第18章第3節では独占価格について説明しています。

第17講　経済はどのようにして発展するか
（再生産と蓄積）

剰余価値は蓄積される

　第10講の「新価値の支出先」で示したように，剰余価値から資本家の個人消費部分を控除した残りは追加（拡大）するための生産手段と労働力とに振り向けられました。このように剰余価値の一部が生産拡大のための追加的な資本に転化することを**資本蓄積**と呼びます。そして第11講で説明したように，**資本の循環（再生産）**は同時に「**資本＝賃労働**」関係の**再生産**でもありました。剰余価値の一部が蓄積されるということは，この「資本＝賃労働」関係が拡大し深化して再生産されることでもあります。

　規模が拡大するだけではなく，労働者が生産した剰余価値が自分たちを雇用し指揮・命令する主体である資本に転化してしまう。いいかえれば，資本の一部（追加的部分）は労働者がつくりだしたものであり，それが資本として「疎外」されて登場してくるのです。賃金労働者を資本家の楔に縛りつけておく鎖が強化されるわけですから，「資本＝賃労働」関係が深化していくということができます。

生産された商品はどう交換されるか（再生産表式）

　生産された商品（生産物）は，価値量として等価で売買（交換）されなければならないばかりか，素材的にも（使用価値としても）補てんされなければなりません。すなわち，生産に使用した生産手段は新しく取り替えなければならないし，働いた労働者は生活手段を調達して労働力を再生産しなければなりません。この関係を「**生産物の価値的・素材的補てん**」と呼んでおきましょう。この補てん関係を示せば以下のようになります（資本家の個人消費はひとまずないものとしておきます）。

I 生産手段×生産手段の価値 ＋労働力×労働力の価値
　＋追加的生産手段×生産手段の価値 ＋追加的労働力×労働力の価値
　＝生産された生産手段×生産手段の価値

II 生産手段×生産手段の価値 ＋労働力×労働力の価値
　＋追加的生産手段×生産手段の価値 ＋追加的労働力×労働力の価値
　＝生産された生活手段×生活手段の価値

　第1部門（I）において網のかかった部分は，素材としては生産手段ですから自部門内部で交換しあえばよいわけです（**内部転態**と呼びます）。第2部門（II）の網のかかった部分は素材としては生活手段ですから，自部門内部で交換して労働者がそれを消費すればよいわけです（内部転態と呼びます）。第1部門のアンダーライン部分は，生産手段として第2部門に販売して第2部門から生活手段を購入してこなければなりません。第2部門のアンダーライン部分は，生活手段として第1部門に販売して第1部門から生産手段を購入してこなければなりません。この両方が一致すれば生産手段も生活手段も過不足なく販売され，補てんされ，拡大のための追加的生産手段と労働力を調達することができます（**部門間転態・均衡**と呼びます）。

成長過程―マルクスの再生産表式での説明

　マルクスは「価値どおりの交換」を想定して，**不変資本 c**（生産手段部分）・**可変資本 v**（労働力の価値部分＝賃金）・**剰余価値 m** を価値総量で表現しました。生産手段生産部門を第1部門（I），生活手段生産部門を第2部門（II）として，つぎのような生産がおこなわれたとしましょう。m/v（**剰余価値率**）は100％とします。

I　$4000c_1 + 2000v_1 + 2000m_1 = 8000w_1$
II　$3000c_2 + 1500v_2 + 1500m_2 = 6000w_2$

　第6講で説明した**余剰生産手段**は，

$8000w_1 - (4000c_1 + 3000c_2) = 1000$

となり，これが生産拡大のために回すことのできる生産手段となります。こ

の余剰生産手段を両部門にどのように配分するかは，共同的社会であれば構成員全員で協議して決めることができますが，資本主義経済では利潤率の高低によって資本家が決定します。いまかりに，それぞれ500が両部門の拡大のために回されるとしましょう。500の追加的生産手段を動かす追加的労働力はどれだけ必要か。技術進歩がなければ補てんする部分も追加的部分もともにc/v（**資本の有機的構成**）は2：1になりますので，追加的労働者を雇用するために回す生活手段（労働力の価値＝賃金）はそれぞれ250となります。剰余価値から蓄積される部分（追加的生産手段・追加的不変資本＋追加的労働力・追加的可変資本）を控除した残りが資本家が消費する部分となります。剰余価値をこの三つに分けて再生産表式を表現すれば，

Ⅰ　$4000c_1+2000v_1+500$（追加的不変資本へ）$+250$（追加的可変資本へ）
　　$+1250$（資本家の消費）$=8000w_1$

Ⅱ　$3000c_2+1500v_2+500$（追加的不変資本へ）$+250$（追加的可変資本へ）
　　$+750$（資本家の消費）$=6000w_2$

生産手段$8000w_1$の供給に対して，$4000c_1$と$3000c_2$の補てん需要と$500+500$の蓄積需要とが一致して，生産手段の需給が均衡します。同じく，生活手段$6000w_2$の供給に対して，$2000v_1$と$1500v_2$の労働者の消費需要と1250と750の資本家の消費需要と$250+250$の追加的労働者の消費需要とが一致して，生活手段の需給が均衡します。その結果，次期の第1部門の不変資本は4500に可変資本は2250に拡大し，第2部門の不変資本も3500に可変資本も1750に拡大します。次期の剰余価値率も100％とすれば，

Ⅰ　$4500c_1+2250v_1+2250m_1=9000w_1$

Ⅱ　$3500c_2+1750v_2+1750m_2=7000w_2$

が生産されるわけです。今期と比較して，第1部門は8000から9000へ（12.5％），第2部門は6000から7000へ（16.666……％）成長していることになります。このように，**経済は余剰生産手段の両部門への配分に規制されて成長していくのです**。

戦後日本の成長過程

1980・85・90年の産業連関表を利用して，部門別の成長率を出してみましょう。この時期はあとで話しますように，インフレーションは一段落しましたが資産（株や土地）価格が異常なまでに急騰したバブル期にあたります。産業連関表での内生部門の合計を労働対象，消費関連を生活手段，固定資本形成関連を労働手段と便宜上みなしました。労働対象と労働手段の合計が生産手段になります。

	1980〜85年間の伸び	1985〜90年間の伸び
労働対象	1.16倍	1.26倍
労働手段	1.11倍	1.49倍
生活手段	1.18倍	1.22倍

	1980〜85年間の年成長率	1885〜90年間の年成長率
労働対象	3.0%	4.8%
労働手段	2.1%	8.3%
生活手段	3.3%	4.1%

1980年代前半はどの部門とも2〜3％台の成長でありパラレルな発展でしたが，どの部門も80年代後半は成長率が高まり，かつ労働手段部門が倍近い成長率だったと判断できるでしょう。

レポート課題「〈成長過程―マルクスの再生産表式での説明〉では，余剰生産手段1000を第1部門500，第2部門500と配分しましたが，(1) 第1部門600，第2部門400，(2) 第1部門400，第2部門600と配分を変えたときの，次期の生産と成長率をそれぞれ計算しなさい（剰余価値率は100％とする）」

講評 自分で計算してみてください。

より深く学習するために

［１］拙著『経済学原論』青木書店，1996年の第 8 章。物量と価値（価格）を分離して再生産表式を説明し，再生産表式が成長論に組み替えられています。

第18講　所得はどのようにして生まれるか

国はどこから収入を得るか（一般会計歳入）

日本の予算を2000年度決算でみると、歳入は表18-1のようになっています。租税・印紙収入が全体の54.3％、公債金が35.4％を占めています。国の借金たる公債に大きく依存していることがわかります。2002年度の当初予算で国税（租税・印紙収入）の内訳をみると、表18-2のようになります。直接税と間接税の比率は58.4％：41.6％ですが、個人（家計）が支払う所得税と会社が支払う法人税と間接税としての消費税がそれぞれ32.4％、22.9％、20.1％となっています。国民の所得にかけられる税金が一番高いことがわかります。

国税庁は所得税をどう補足するか

所得税は源泉分（給与されるときに引かれる）と申告分に分かれますが、源泉徴収分の内訳は表18-3のとおりです。2000年において給与所得が61.8％、利子・配当所得が25.3％、報酬・料金等が6.7％を占めています。日本の国民は毎年2月から3月にかけて確定申告書を税務署に提出しますが、そのときの所得項目は給与・利子配当・不動産所得です（ほかに、事業・雑・譲渡の所得があります）。経済学の言葉でいいかえれば、

表 18-1　一般会計歳入の内訳（2000年度）
（単位：億円）

	歳入の内訳
租税・印紙収入	507,125
公債金	330,040
専売納付金	205
官業益金・官業収入	205
政府資産整理収入	2,249
雑収入	40,398
前年度剰余金受入	53,389
総　　額	933,610

注：財務省「財政統計」（2002年度）による。決算額。
出所：矢野恒太郎記念会『日本国勢図会2003』2003年6月、384頁より。

賃金・利子・地代です。これらが実際に捕捉される所得形態です。国税庁が全部の所得を捕捉しているかといえばそうではなく、税金から逃れアンダーグランドに潜ってしまう所得も相当あることに注意が必要です。

所得源泉の説明の違いによって経済学は2分される

こういった所得はどのようにして生まれてくるのか。その説明の違いによって経済学派は2分されます。**近代経済学**は前に紹介した限界生産力均等の法則によって、**生産要素たる労働力・生産手段・土地**を所有する「階級」が提供しあうということですから、その「平等」な報酬として賃金・利潤・地代を取得していると説明します（「三位一体説」）。利潤はさらに分化され、資本家として機能する報酬部分（**企業者利得**）と資本所有の成果としての利子となり、企業者利得は**監督賃金化**します。最終的には国税庁が捕捉するように、**賃金（給与）・利子・地代（不動産所得）**として現象してくるというわけです。限界生産力という概念は正しいのでしょうか。生産手段や土地は生産力であるというのは正しくても、それが所得としての価値を生みだしているといえるでしょうか。前に話したように、生産手段はすでに投下

表18-2　国税の内訳（2002年度当初予算）

	億円	％
直接税	285,360	58.4
所得税	158,310	32.4
源泉分	129,330	26.5
申告分	28,980	5.9
法人税	111,740	22.9
相続税	15,300	3.1
地価税	10	0.0
間接税等	202,868	41.6
消費税	98,250	20.1
揮発油税	21,340	4.4
酒税	17,350	3.6
印紙収入	14,440	3.0
関税	8,600	1.8
たばこ税	8,480	1.7
自動車重量税	8,400	1.7
揮発油税＊	7,102	1.5
石油税	4,800	1.0
電源開発促進税＊	3,767	0.8
地方道路税＊	3,043	0.6
自動車重量税＊	2,800	0.6
合　　計	488,228	100.0

注：財務省「財政金融統計月報・租税特集」（600号）による。％は原資料の計数をそのまま引用した。したがって項目によっては内訳が一致しないところもある。＊特別会計の特定財源分。
出所：矢野恒太郎記念会『日本国勢図会2003』2003年6月、388頁より。

表 18-3 源泉所得税額＊（2000年度） （単位：10億円）

総　数	利子所得	配当所得	上場株式等の譲渡所得等	給与所得	退職所得	報酬,料金等所得	非居住者等所得
16,497	3,162	1,019	385	10,196	294	1,103	337

注：「源泉徴収税額」は，翌年1月10日までに提出のあった当該年分の徴収高計算書の税額および強制徴収による徴収決定税額。＊加算税を含む。
出所：国税庁長官官房企画課「国税庁統計年報書」。総務省統計局『日本統計年鑑 2004年版（第53回）』日本統計協会，2003年10月より。

されている労働（価値）を新生産物に移転させているだけであり，新しい価値を形成していません。新しい価値を形成するのは労働でしかありえないからです。土地のもつ自然的恵みは人間が無償で利用しているのであり，新生産物に価値を移転さえしていません。

生産価格法則によって剰余価値が分配される

マルクス経済学は利潤や地代を，生産された剰余価値が資本主義的所有関係によって分配（収奪）されたものとして説明します。マルクスは「三位一体」説の虚偽性とそうした観念が生みだされる根拠を明らかにしたといってよいのです。賃金部分はいうまでもなく労働力の価値部分です。そして剰余価値の分配を規制するのが生産価格法則です。すなわち，近代社会のイニシャティブを握った資本は，資本の価値増殖運動に不可欠な土地を利用するために土地所有者に剰余価値の一部を地代として支払い，その残りの剰余価値を**産業資本・商業資本・銀行資本**に利潤率が均等化するように分配するのです。そのさいの価格の体系が生産価格にほかなりません。このようにして「資本家的平等」は自由競争が貫徹すれば成立するのです。

現代日本の賃金と利潤（産業連関表で推計）

大雑把な推計になりますが，前講と同じく産業連関表を利用して，雇用者所得を賃金，営業余剰を利潤とみなし，両者と資本減耗引当の伸びと比率を計算してみましょう。

	1980〜85年間の伸び	1985〜90年間の伸び
雇用者所得（賃金とみなす）	1.31倍	1.35倍
営業余剰（利潤とみなす）	1.27倍	1.34倍
資本減耗引当	1.37倍	1.44倍

	1980年の比率	1985年の比率	1990年の比率
雇用者所得（賃金とみなす）	57.7%	57.8%	57.3%
営業余剰（利潤とみなす）	28.4%	27.6%	27.2%
資本減耗引当	13.9%	14.6%	15.5%

この時期は雇用者所得が非常に安定していたこと，および資本減耗引当の比率が上昇していることがわかります。

レポート課題「〈三位一体説〉とマルクスの批判のどちらが正しいかを考えてみよう」

> **講評** 労働価値説と「三位一体説」のどちらを支持するかによって，マルクス経済学と近代経済学に分かれます。むずかしかったようで，正確なコメントはごくわずかでした。今後，経済学の学習を深めながら考えていってください。見解が分かれる根本的な違いは，生産手段や土地が価値（付加価値・新価値）を生みだすと考えるか否かにあります。

より深く学習するために

[1] 拙著『経済学原論』青木書店，1996年の第15章では，生産価格法則によって剰余価値が分配され，最終的に「三位一体説」のようになることを示しています。

[V]

戦後日本社会の歩みと新しい社会

第19講　日本資本主義の復活

　きょうから，第二次世界大戦後の日本の経済と社会の歩みについて簡単に話すことにします。まずは，戦後の枠組みなり構造というものがどのように確立したかを取り上げます。

世界の戦後体制

　まず戦後体制です。前にも話しましたように，東西関係は**米ソの冷戦体制**であり，激しい軍備拡張競争が展開されました。幸いに世界戦争にはなりませんでしたが，朝鮮半島やベトナムなどでの局地的な戦争が起こりました。西側の資本主義陣営の経済体制は**IMF＝GATT体制**であり，アメリカのドルを中心とした体制でした。この東西の工業国に対して，南の国々は政治的には植民地状態から独立しましたが経済的には開発が遅れ，後進国とか発展途上国とか呼ばれています。いわゆる**南北問題・南北関係**です。その意味では戦後の世界は，**西・東・南の世界という3極**から構成されるようになったといってよいでしょう。

科学＝産業革命

　つぎは戦後の生産力基盤です。前にも話したように，科学＝産業革命として特徴づけられます。もちろん，技術革新（技術進歩）は絶えず続いており，生産力を飛躍的に発展させたところに資本主義の歴史的成果があるといってよいでしょう。しかし，戦後の特徴は科学研究活動そのものが技術開発に結びつけられ，またその技術開発はつねに軍事技術が優先されてきたことです。こうした科学＝産業革命のはらむ問題性なり危険性についてはすでに述べました。こうした生産力基盤が形成されるとともに，産業構造はますます第三次産業が大きくなってきました。いわゆる**経済のサービス化**といわれるもの

で，今日では情報通信，金融証券などの投機的な活動が特徴的になってきました。

国家は行政指導した

現代資本主義は，国家の役割が飛躍的に増大した独占資本主義であり，これを国家独占資本主義と呼びました。国家は，資本循環の局面である購買・生産・販売過程，そしておカネの貸し借りである信用関係に全面的に介入してきました。国家は金融・財政政策によって景気をコントロールする政策をとりました。すなわち，景気が悪い不況期には早めに景気を回復させようとする政策を発動し，景気が過熱していく好況期には，大きく落ち込まないように早めに景気にブレーキをかけるわけです。また日本の特徴としては，政府関係の機関，たとえば，通産省（現在の経済産業省），大蔵省（現在の財務省），日本銀行などがさまざまな行政指導をして企業と経済をコントロールしてきました。それは，市場と企業の自由な営利活動を前提としたうえで政府がガイドラインを設定し，それに向かって各企業が努力するというような「護送船団方式」とも呼ばれるやり方でした。日本社会は敗戦直後の困窮と混乱を経験しながら，10年ほどで経済復興を成し遂げ，1950年代の半ばくらいから本格的な高度成長期に入ります。

独占的大企業は企業集団として行動した

その前後に形成された企業体制のほうは，戦前の財閥にかわって近代的な企業グループ（企業集団）が確立されました。前にも話しましたように，この企業集団は戦前の旧財閥が復活したものもあれば，産業独占を中心としたグループもありました。そしてこの企業集団が，日本の経済だけでなく政治・社会・教育などをさまざまなルートをとおしながら支配し指導してきたといえます。また，個々の独占的大企業内部では働く労働者までが会社を成長させることが大切だと考え，また日本全体でも株式会社が日本の成長の原動力だとする日本株式会社論も出てきました。そして，企業集団どうしが猛烈に競争しあいました。この高度成長を担った主体は，団塊の世代といわれ

る，みなさんのお父さんやお母さんの世代でした。時期的には1950年代の後半から1960年代にかけて猛烈に働いた人々です。

　高度成長の中身については次講で話すことにして，高度成長を促進した要因として企業集団相互の激しい過当競争がありました。この競争を**系列ワンセット主義**と呼び，企業集団が代表的な産業に自分たちのグループの独占的大企業をつくっていく，あるいは系列外の企業を企業集団のなかに吸収するということをやりました。たとえば，各企業集団が商事会社や石油化学会社をつくっていきました。

　系列ワンセット主義のもとで大々的な設備投資がなされましたが，その資金は**間接金融方式**というやり方で調達されました。間接金融方式とは，国民一般が銀行や郵便局に預けた預金をもとにして，銀行や政府が民間企業に貸し付けるやり方です。銀行の背後には日銀があり，日銀は銀行に不足する資金を貸し付けました（**信用創造**）。

　それに対して**直接金融方式**というのは，民間企業が株や社債を発行して直接に社会全体から資金を調達するやり方です。前にレポートでみなさんに，「日本の大企業はだれが所有し，だれ決定し，だれが支配しているか」という問題を出しました。多くの答えは，「株主が所有し経営者が支配している」というものでした。ある意味で模範的な回答ですが，戦後の日本の特徴としては，各企業集団内部の大企業はお互いに株を持ち合っており，その意味で会社が株主になっており，「**会社による会社支配**」でありました。もちろん経営者は，企業はもとより企業集団を指導し運営しているわけですけれども，あくまでも経営者は経過的な集団でした。結局は，会社なり企業集団という組織が所有し支配していました。

政・官・財複合体制の支配と日本国憲法

　こうした企業集団という形をとった**日本の金融資本**は，日本社会のその他の分野の指導的なグループと深く結びつき，一つの支配体制を形成しました。それを**金融寡頭制**と呼びます。いわゆる**政・官・財の複合体（融合・癒着）体制**です。政界は，ご承知のように，自由民主党という保守党政権が長期政

権を持続してきました。官界はいわゆる官庁や官僚であり，役人天国といわれるような大きな力をもっております。財界は企業集団化した独占的大企業（**独占資本**）が中心ですが，それぞれ全国的な財界組織，すなわち経済団体連合会（経団連），日本経営者団体連盟（日経連），経済同友会，日本商工会議所という全国的な財界組織をもちました。これが経営者というか資本側の戦後体制であります（経団連と日経連は2002年に合同して日本経済団体連合会〔日本経団連〕となります）。

　こうした資本の体制に対して，社会のほうはどうであったのでしょうか。戦後，紆余曲折をへながら1955年体制というものが成立しました。政治や教育は，占領軍のもとでの改革によって一大変革を遂げました。政治の面では天皇制国家から主権在民の国家になり，議会制民主主義のもと日本国憲法がその原理となりました。この日本国憲法は，前にも話しましたように，基本的には**市民社会の原理**に立脚しています。憲法はいろいろな面において空洞化してきていますが，政・官・財といえどもこれを無視することはできません。もし完全に無視してしまったとしたならば，おそらく選挙で国民から見放されるでしょう。憲法を資本主義の枠内において貫徹させていくというのが，現代の金融寡頭制支配の貫徹の仕方だといってもよいでしょう。ですから，いいかえれば，現代日本の社会は資本主義社会であると同時に市民社会でもあるという二面性をもっているのです。しかし，この憲法を変えようという力と主張がだんだん強まってきております。ある日突然に第9条が改正され，徴兵制が敷かれるというようなことがまったくないとはいいきれないし，安心してはいけません。

　教育は民主主義教育に転換しました。それを保証しているのが教育基本法であり学校教育法です。教育基本法は，戦前の天皇制的・軍国主義的な「教育勅語」を中心とした教育から，個人の尊厳を基本とし平和と真理を求めることを教育の目標としました。この教育基本法の理念を具体化しているのが学校教育法です。義務教育制度を6・3制という単線型にし，子供たちを平等な機会からスタートさせようとするもので，戦前の飛び級制度のようなものは廃止されました。ところが最近の教育問題のなかで，教育基本法を見直

さなければならないという議論が出されてきました。ご承知のように，国を愛する精神とか伝統を重んじる精神のような精神主義が強調されはじめ，また平等主義ではなく優秀な人には飛び級的な制度をつくり競争させたほうがよいとする考えです。憲法と同様に教育基本法も試練に立たされているといってよいでしょう。みなさんはこの問題を真剣に考えてください。これまで民主主義教育をもっと徹底させ市民を育てるものにしようとする人たちと，教育を資本主義の枠内に抑え込んで資本主義に貢献するようなものにしようとする人たちとが激しく対立してきました。前者の人々は，教育の現場を守り，「再び教え子を戦場に出すな」という考えのもとで教育を守ろうとしてきた日本教職員組合（日教組）の先生たちです。後者は，いまの文部科学省，その前身である文部省の考え方であり，民主主義教育を国家管理のもとに縛っておこうとするものでした。この日教組と文部省とが高度成長期に激突しました。

学生も運動した―高揚と低迷

　1960年代になると，教育闘争は大学の自治を守るか，大学の国家管理を強めるかという闘いになります。その直前の1960年前後に，日米安全保障条約の改定をめぐり，改定に反対する国民的な大衆運動が起こります。学生は全国学生自治会連合（全学連）の指導のもとに反対運動に立ち上がりました。全学連の主流派は過激な運動方針をとり国会内に突入するというような闘いが起こりました。安保闘争そのものは国会での強行採決によって下火に向かい，改定を推進した岸内閣は退陣しました。ところが文部省は学生運動に驚いたのでしょう，学生が教室に戻って静かに勉強するようにということで，大学を管理しようとする方針を打ちだしてきます。学生運動のほうは，議会制民主主義のもとでの社会党・共産党系の革新運動を批判し，新左翼運動というものを展開します。この運動は大学のなかでは「学問とは何か，大学とは何か，学問・大学はだれに奉仕すべきなのか」という教育の本質的問題を提起しましたが，やがて分裂と内ゲバ（殺傷）を繰り返し，急速に影響力を失っていきました。当時の全共闘運動をみなさんは当然知らないでしょうが，

たいへん激しいものでした。この学生運動は現在後退し，長い間低迷しているといってよいでしょう。

労使の攻防

最後に労働運動はどうであったかにも触れておきましょう。戦後の占領軍の3大改革として，財閥解体，農地改革そして労働改革がありました。労働組合法が制定され，戦前までにヨーロッパやアメリカの労働者階級が勝ちとったさまざまな権利が日本の労働者にも保証されたわけです。すなわち，労働組合をつくりそれに参加できる**団結権**，労働条件や賃金を労使双方の交渉によって決める**団体交渉権**，そして要求を実現するために**ストライキをする権利**が保証されました。体制側はこの**労働三権**をさまざまに制限しようとし，公務員はストライキ権をはく奪され，教員には「教育の政治的中立性」という名のもとにさまざまな制限が課せられました。しかしこうした攻勢にもかかわらず，労働者の労働三権は民間の労働者には基本的に保証されているといえます。具体的な労働条件を定めたのが労働基準法であり，たとえば，1日8時間・週48時間働くのが標準的な労働時間とする規定，未成年者や女性労働者を保護する規定，労働現場で災害や事故が起こったときには雇用者側が救済する義務があるという規定などです。そして労働運動そのものはさまざまな紆余曲折をへながら**日本労働組合総評議会（総評）**が中心となる体制となり，毎年春に産業別に団体交渉によって賃上げを決定していくという春闘方式が確立します。しかし，個々の労働組合運動はだんだん企業内の闘争に傾斜して企業別組合となり，企業を成長させることで賃上げを獲得していくという労使協調路線あるいは会社主義というものが支配的になります。すなわち，賃金は年々上がっていくという年功序列制，定年になるまで安定して働けるという終身雇用制などのいわゆる日本的労使関係が形成されました。

レポート課題「日本の戦後体制をどう評価するか」

> **講評**　戦前と戦後とを比較したもの，また戦後と現在とを比較したものもあり

ました。自由に書いてもらってよかったわけです。課題は，むしろこれからの講義の目標についてあらかじめ考えていただくために出しました。

より深く学習するために
［１］井村喜代子『現代日本経済論』有斐閣，2000年
［２］拙著『戦後の日本資本主義』桜井書店，2001年の第１・２章
　［1］は対米関係を基軸として戦後の日本資本主義を戦後から20世紀末まで分析しています。［2］では，日本の戦後体制を資本と社会の両面から要約しています。

第20講 高度成長の光と影

　戦後の日本経済を**経済復興期・高度成長期・スタグフレーション期・バブルの形成と崩壊期**に大きく区分して、きょうは1950年代後半から60年代にかけての高度成長期を説明しようと思います。

戦後の経済発展は時期によって異なる

　この時期をさらに区分すれば、1950年代後半の第一次高度成長期、それが調整されるのは60年代前半であり、60年代の後半から再び第二次高度成長期となります。高度成長期の特徴を示すために、主要な経済指標をその後の時期と比較しておきましょう。大雑把に各時期を特徴づけるならば、**高度成長期**＝高成長・低失業・卸物価安定・消費者物価騰貴・高利潤率、**スタグフレーション期**＝低成長・中失業・物価騰貴・低利潤率、**バブルの形成と崩壊期**＝低成長・高失業・物価安定・資産価格の暴騰と暴落・低利潤率、といえます（表20-1、参照）。

表 20-1　日本経済は急速に変化してきた

経済指標	高度成長期	スタグフレーション期	バブル期
成長率（％）	12.0	2.9	2.4
卸売物価騰貴率（％）	1.1	7.5	−0.9
消費者物価騰貴率（％）	4.5	8.4	1.2
完全失業率（％）	1.4	1.9	3.0
有効求人倍率	0.97	0.84	0.80
売上高経常利益率（％）	3.2	2.5	2.6

注：スタグフレーション期は1972〜82年、バブル期（バブルの膨張と破裂）は1983〜2000年とした。高度成長期は経済指標によって異なる。
出所：拙著『戦後の日本資本主義』桜井書店、2001年、90頁より。

高度成長の反省

　高度成長期を要約すれば，高成長・低失業・卸売物価安定・消費者物価騰貴・高利潤率です。高度成長が始まるときの戦後体制というか枠組みは，前講で話しました。すなわち**企業集団**が形成され，国家は**財政・金融政策**を中心とした**景気政策**と**長期計画**を実施し，**資本の循環運動**を独占的大企業中心にバックアップしていきました。労働体制のほうは，総評を中心として春闘という形での経済闘争が展開され，またその間，安保闘争のような国民的な大衆運動がありましたが，その争点は，民主主義をより徹底化し直接的なものにしようとする労働側と，民主主義を高度成長なり資本主義体制の枠内に管理しておこうとする資本側との闘いであったといえるでしょう。こうした背景のもとで年々10％以上の経済成長が続きました。その原因についてはこれから話しますが，その前に，年々10％以上の高度成長が必要だったのかを考えてみることも必要でしょう。年々10％の成長を50年間続けたとすれば経済はどのくらいの規模になるかというと，じつに117倍にもなります。かりに100倍としても，みなさんがおじいちゃん・おばあちゃんになる年代に，はたしてこれだけの生産が必要でしょうか。もちろん，南の貧しい生活水準の人たちを援助する必要はあるでしょう。しかし，現在のシステムのもとではその格差は全然縮まっていません。日本に限定して考えれば，おコメとか肉や魚を100倍も食べるでしょうか。その意味では，先進国においてはすでに飽和的な消費状態にあるといえます。人間にはつねにより新しい欲望が出てくるでしょうが，今後は量よりも質が要求されるでしょう。また，100倍もの商品をつくるのに必要な石油などのエネルギーをどうするのか。また，その結果もたらされるさまざまな環境破壊をどうコントロールするかという問題にも直面しています。

経済発展は景気循環という姿をとる

　10％以上の成長といっても，年々10％ずつ成長したのではなく，景気のよいときと悪いときが繰り返される**景気循環**という姿をとりました。景気循環の４局面については前に説明しましたが，回復から新たな回復までを１周期

表 20-2 戦後日本の短期循環

	谷	山	谷	拡張期間	後退期間	循環期間
経済復興期						
第1循環						
（朝鮮戦争特需景気）	1950.6	1951.6	1951.10	12	4	16
第2循環						
（合理化景気）	1951.10	1954.1	1954.11	27	10	37
高度経済成長期						
第3循環						
（神武景気と57・58年恐慌）	1954.11	1957.6	1958.6	31	12	43
第4循環						
（岩戸景気）	1958.6	1961.12	1962.10	42	10	52
第5循環						
（オリンピック景気）	1962.10	1964.10	1965.10	24	12	36
第6循環						
（いざなぎ景気）	1965.10	1970.7	1971.12	57	17	74
スタグフレーション期						
第7循環						
（列島改造景気）	1971.12	1973.11	1975.3	23	16	39
第8循環						
（減量経営景気）	1975.3	1977.1	1977.10	22	9	31
第9循環						
（輸出主導型景気）	1977.10	1980.2	1983.2	28	36	64
バブル期						
第10循環						
（バブル再発景気）	1983.2	1985.6	1986.11	28	17	45
第11循環						
（バブル高進景気）	1986.11	1991.2	1993.10	51	32	83
第12循環						
（金融危機景気）	1993.10	1997.3	1999.4	41	25	66
第13循環						
（平成大不況下の好況感なき景気）	1999.4	2000.12	2002.1	20	13	33
第14循環						
（現在進行形）	2002.1					

注：①景気基準日付は経済企画庁発表にしたがった。ただし第1循環の谷は筆者が判定した。②景気の名称は筆者が付けた。③期間は月単位である。
出所：拙著『戦後の日本資本主義』桜井書店，2001年，92頁より。

といいます。高度成長期の景気循環は，経済企画庁が発表した景気基準日付によると表20-2のようになります。

機械や設備への投資は，機械や設備そのものとそれらをつくりだす関連諸部門の製品を購買するという需要効果を発揮します。また，それらを動かす労働者の雇用を増やしその賃金が増えますから，賃金支出としての消費需要を引き起こします。しかし，機械設備が実際に動くようになれば商品をつくりだすわけですから，供給を増やしていきます。ですから**設備投資**というのは，こうした**需要効果と供給効果の両面**をもっています。これらが一致していれば過不足なく経済が成長していけるわけですが，資本主義経済の実態というのはこれらが一致しなくなるのです。**需要が供給をオーバーする時期が好景気の時期**であり，**供給のほうが需要をオーバーしている時期が不況期**です。戦後日本経済においてもこうした景気循環運動は中期的にみれば検出できます。

神武景気

　設備投資が増加していけば供給（生産能力）も増加しますから，高度成長が一定期間持続するためには需要も伸びていかなければなりません。その需要は，設備投資需要そのものと，輸出と耐久消費財ブームでした。耐久消費財ブームは，労働者の賃金増加と，農村の所得増加よってもたらされました。神武景気はこのようにして進行しましたが，1957年にアメリカで景気が後退したのをきっかけとして，日本の景気も交替します。その直接的な原因は，まだ日本国内の供給基盤が確立していませんでしたから，好景気が続き輸入が増えてくることによって外貨が不足して国際収支が悪化するわけです。そこで日銀は金利を引き上げて景気にブレーキをかけました。これは当時「**国際収支の天井**」と呼ばれましたが，こうした景気後退は1960年代の前半まで何回か繰り返されました。

岩戸景気

　1957年6月の景気後退後，58年6月から景気が回復し，61年の10月まで好景気が続きます。この景気循環は岩戸景気と呼ばれました。天照大神が岩穴のなかから出てきたので世の中が明るさを取り戻したという，あの神話の天

の岩戸の岩戸です。この景気のメカニズムは前の神武景気とほぼ同じでした。本格的にさらに新鋭の重化学工業が建設されていきました。産業政策としては，政府や自治体が海岸を埋め立てて工業団地を造成し，大企業に提供しました。輸出入に便利な港のある地域に工業地帯が次々と建設されていきましたが，これを太平洋沿岸ベルト地帯と呼びました。京浜・京葉そして鹿島臨海工業地帯まで展開し，西に伸びては静岡・中部・阪神・瀬戸内・北九州へと続きました。当時は公害対策がほとんどとられていませんでしたから，これは同時に**公害**が全国的にバラ撒かれたようなものでした。地方自治体の人たちが東京に陳情にきて，工場をわざわざ誘致しようと運動しました。そのために，たとえば四日市では，四日市ゼンソクが発生してしまいました。またこの時期を境として，日本経済は労働過剰の経済から労働不足の経済へと転換しました。

過剰設備の調整と昭和40年不況

しかしこれだけの設備投資をしてきたわけですから，急増する供給に需要が追いつかなくなって，この過剰な設備を調整する時期が60年代の前半にありました。弱々しい好況は起こりますが，1964年に東京オリンピックが開かれ，その関連の公共投資が実施されたり，国民感情も盛り上がりますが，オリンピックが終わるとともに景気が後退に向かいます。冬季オリンピックが何年か前に長野県で開かれたでしょう。終わると関連設備が過剰になってしまって長野県は苦労しました。同じようなことが東京オリンピックのときにも起こりました。1965年は昭和40年ですから，当時この不況は昭和40年不況と呼ばれました。経済学者のなかにも，もはや高度成長は曲がり角にきたのではないかという人もいて，いわゆる「転形期論争」が起こりました。それはともかく60年代前半は設備調整期ですから，本格的な好況は出現しないで「好況感なき好況」と呼ばれました。転形期といわれたように，たしかに昭和40年不況はかなり本格的な不況でした。山陽特殊鋼という一流企業が倒産し，山一証券が危なくなりました。そのときの大蔵大臣は田中角栄でしたが，日銀がおカネを特別融資して山一を救いました。また，このとき初めて建設

国債の発行が決定されました。

　国債というのは国の借金であり，年々利子を支払いながら満期になったら全額償還されるものです。**建設国債**というのは，その借金を建設事業に回すものです。とにかく公共事業がおこなわれますから需要となり，景気回復の一要因となりました。国債には**特例国債**というものがありますが，これは歳入を超える歳出をカバーするための国の借金です。そして，**国債の発行残高**がどんどん増えていきました。2003年度の財務省発表では，内国債約556兆円，借入金約61兆円，政府短期証券約86兆円，政府保証債務約58兆円，地方の長期債務約200兆円，となり，単純に合計して国や地方自治体を合わせた借金全体は約961兆円にもなります。つぎの世代の人たちがどういうふうに返済するのかは大変な問題です。国の歳入が50兆円としますと，その20倍近くの借金をしていることになるのです。家計にたとえれば，年収の20倍以上のローンを抱えていれば，当然自己破産してしまいます。その意味で日本の国債は，国際的には発展途上国なみだと評価されているわけです。何回かの緊縮財政によってこの赤字を縮小しようと試みられてきましたが，そのために景気が悪化してしまい，景気対策すなわち国債発行による景気回復という道を選択し続けてきました。いまの小泉内閣も，「改革なくして景気回復なし」といって構造改革を進めようとかけ声は出しましたが，その実態は抵抗勢力との妥協であり，新規の国債は増えています。

いざなぎ景気

　もう一つのこの当時の景気回復要因は，アメリカが北ベトナムを爆撃して一気にベトナム戦争をエスカレートさせたことです。これが日本にベトナム特需を生みだしました。その後，1970年の7月まで約5年の息の長い第二次高度成長期が始まりました。これをいざなぎ景気と呼びました。このとき日本は船舶・ラジオ・テレビ・合成繊維・商業車で資本主義世界の第1位となり，経済大国になりました。この高度成長には設備投資と輸出が重要な役割を果たしました。しかしこの第二次高度成長も設備投資の過剰を生みだし，その調整とやがて激しい物価騰貴の時期を迎えることになります。

レポート課題「高度成長は必要だったのか」

講評 多くの回答は，その後の生活水準の向上のために必要だったというものでした。しかしなかには，いまの日本経済の景気はたしかに回復しなければならないが，かつてのような高度成長が必要か，またそれが可能なのか，もし可能だとして再び高度成長になったらいかなる問題が生じるだろうか，という観点から書かれたレポートもありました。自由に考えて書いてもらってよいわけです。

より深く学習するために

　戦後の短期・中期・長期循環を総括的に考察した書物として，
［１］篠原三代平『戦後50年の景気循環』日本経済新聞社，1994年
［２］拙著『戦後の日本資本主義』桜井書店，2001年の序章で戦後復興，第4章では高度成長過程を分析しています。

第21講　高度成長の終焉とスタグフレーション病

　きょうは高度成長期以降の日本の経済と社会の歩みについて話しましょう。

新しい病としてのスタグフレーション

　1970年代になると高度成長は終わり，スタグフレーションと呼ばれる時期になります。スタグフレーションは日本だけの病気ではなく，世界の先進資本主義国においても発生しました。時期的にはだいたい1970年代から80年代の初めくらいにかけてです。アメリカは日本より少し早く，イギリスは最も早くこのスタグフレーション病に陥りました。ある日突然にスタグフレーションになったというのではありません。時期区分というのは時期が重なりあうもので，前の時期にすでに次の時期の原因が生じているという関係にあります。

　スタグフレーションとはなんでしょうか。この言葉は合成語です。STAGNATION すなわち停滞と INFLATION すなわち物価騰貴が同時に発生する経済状態を表現します。すなわち，

　　　STAGNATION＋**IN**FLATION＝STAGFLATION

です。景気の悪いときには，商品が売れませんから安く売ろうとし，したがって物価は低下します。最近の日本経済は停滞的状況が長く続き物価も若干低下していますが，スタグフレーションのときには不況なのに物価が急激に上がっていきました。通常の教科書では説明できないまったく新しい病気でありました。

金・ドル交換停止，石油危機，狂乱物価

　このスタグフレーションの原因を考えるために，世界経済をみておきましょう。まず，国際通貨体制としての**IMF体制**が**事実上崩壊**します。すなわち

1971年8月15日に，アメリカは一方的に**金とドルとの交換を停止**し，やがて為替相場が外国為替市場での需給関係によって決まる**変動相場制**に移行しました。1ドル360円だったものが，円が傾向的に強くなり，一時は1ドル70円台にまでなりましたが，現在では110円台で推移しています。つぎの世界的な事件として，原油の値段が大幅に2回にわたって吊り上げられるという**石油危機**が起こり，石油エネルギーに依存していた世界に深刻な打撃を与えました。90年代になってアメリカ軍を中心とした湾岸戦争やイラク戦争が起こりましたが，その背景にはアメリカの利害が中近東の石油資源を確保することにあったことは明白です。現代はそれほど石油に依存している生産・生活体系になっているのです。石油の輸出はメジャーが支配し，その価格は固定的に維持されてきたのに対して，先進国が輸出する工業製品の価格が上昇していったため，石油を輸出する国々が原油の値段を何倍にも引き上げました。コストが何倍にもなるわけですから，石油を直接使う産業の製品価格が上がり，それに関連する製品の価格も吊り上げられ，**狂乱的に物価が騰貴**しました。商品の値段を便乗的に値上げする業者も出てきました。また，家庭生活を守ろうとするお母さんたちは日常品とくにトイレット・ペーパーの買いだめに走りました。これがいまから30年くらい前の1973年秋から翌年にかけて世界的に発生しました。

コスト・インフレとしてのスタグフレーション

　つぎにスタグフレーションの原因について考えてみましょう。1950・60年代は世界的に経済が高度成長した時期ですが，じつはこの時期にスタグフレーションの原因が形成されていました。高度成長期に設備投資が盛り上がったわけですが，それが過剰な投資を生みました。このことを**過剰投資**とか**資本の過剰蓄積**と呼びます。いいかえれば，供給が需要をオーバーして売れ行きが悪くなっていく体質が潜在的に形成されたということです。これだけだったなら価格は下がるはずでした。ところが逆に急激に値上がりしはじめたものですから驚きました。これを説明するためにはコストの上昇を考えなければなりません。すなわち，この時期になると，労働生産性の伸びが低下し

てきたのに賃金はどんどん上がっていくし，公害対策等々のさまざまな費用も増大しました。最後に決定的な影響を与えたのは石油コストの急上昇でした。本来，賃金が上がるということは，労働者にとっては生活水準の向上につながりますし，労働者に商品を買ってもらう資本の立場からすれば購買力が増えるわけですから，よいことであるはずです。ところが，商品をつくる立場に立った場合には，賃金はコストですから，なるべく低いほうがよい。こうした相反した**矛盾**をもっているのが**資本主義経済**です。ともかく労働生産性が停滞するなかでコストが上がりますから，利潤が減少してくることになります。そこで企業がとった行動は，独占的大企業を中心としてコストの上昇を価格に転嫁する，すなわち価格を吊り上げ，利潤を確保しようとする行動でした。そこで全体的には，賃金やコストと物価が悪循環的に上昇することになりました。労働者は物価が上がりますから生活防衛のために賃上げをさらに要求し，経営者のほうは利潤を確保するためにさらに価格を引き上げます。高度成長期だったら生産性が上がり利潤と賃金がともに増加できましたが，低成長期になりましたから利潤と賃金の敵対的な分配関係がもろに現われてくることになりました。かくして，経済状態は不況なのに物価が上がるというスタグフレーションに陥りました。

生活困窮指標（失業率＋物価騰貴率）が上昇した

　このスタグフレーションはどのように進展していったのでしょうか。スタグフレーションの度合いなり生活上の不快指数として，失業率に物価騰貴率を加えた数値があります。失業率が高まれば失業した人々に直接的な生活の困窮をもたらしますし，物価騰貴があれば所得が実質的に目減りして，やはり生活が苦しくなります。両者を加えた**スタグフレーション度**が高まっていけば，二重に生活が苦しくなるということです。スタグフレーション度は1960年代から70年代にかけて先進諸国において共通して高まりました（図21-1，参照）。

図 21-1　生活困窮指標の高まり

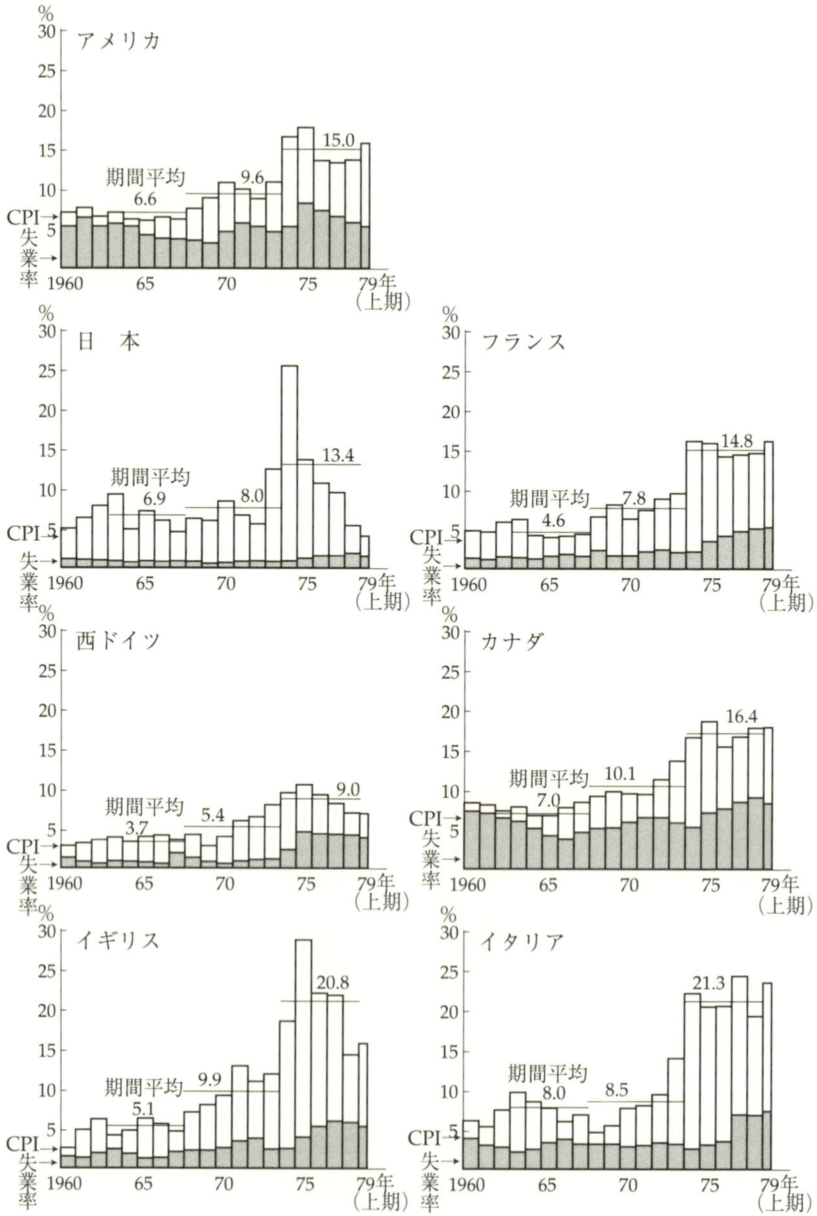
%
30
25
20
15
10
5
アメリカ
期間平均
6.6
9.6
15.0
CPI→
失
業→
率
1960
65
70
75
79年
(上期)
日　本
期間平均
6.9
8.0
13.4
フランス
期間平均
4.6
7.8
14.8
西ドイツ
期間平均
3.7
5.4
9.0
カナダ
期間平均
7.0
10.1
16.4
イギリス
期間平均
5.1
9.9
20.8
イタリア
期間平均
8.0
8.5
21.3

出所：経済企画庁編『世界経済白書』(1979年版) 大蔵省印刷局，1980年，184–187頁より。

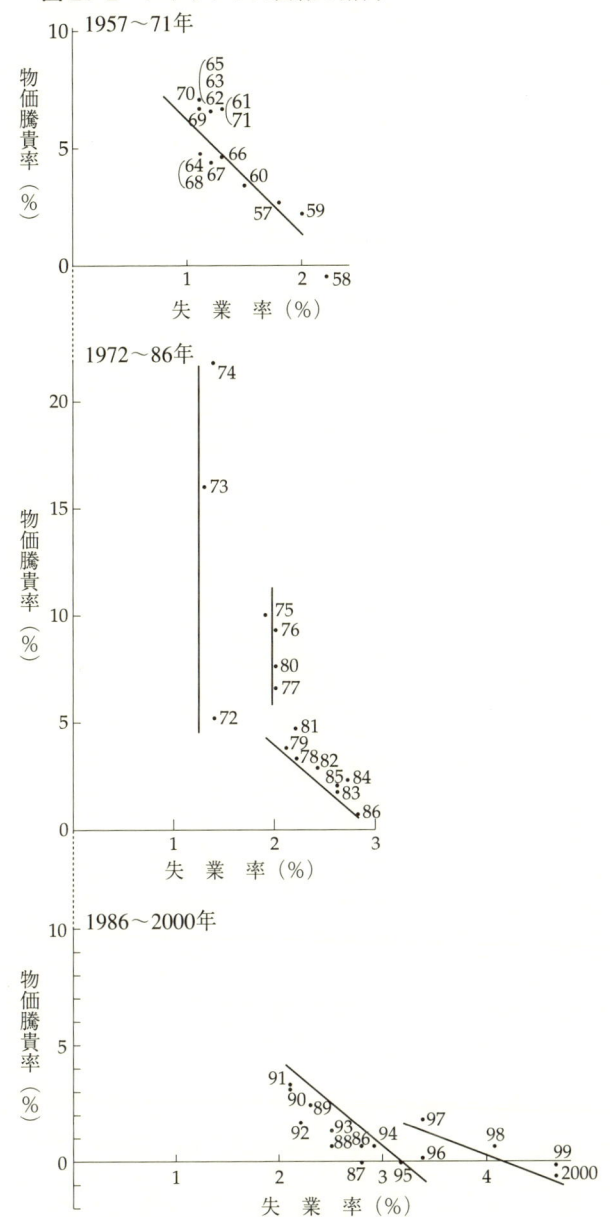

図 21-2 フィリップス曲線の動向

1957～71年

1972～86年

1986～2000年

出所：拙著『戦後の日本資本主義』101, 105, 108頁より。

第21講　高度成長の終焉とスタグフレーション病

失業率と物価騰貴率の関係

　一般的にいえば，失業率が高いということは成長率が低いということであり，そういうときには物価は下がるかあるいは上がったとしても低い水準です。逆に失業率が低いときは成長率が高く，そういうときには物価の騰貴率が高くなります。この関係を示したものを**フィリップス曲線**と呼びます。

　ところが1960年代の後半になると，失業率と物価騰貴率の逆相関関係（トレード・オフ関係）が成立しなくなります。具体的には，図21-2のように，同じ失業率のもとで物価の騰貴率が高まり，さらにフィリップス曲線が右側にシフトする傾向が出てきました。

高度成長期とスタグフレーション期の比較

　日本経済は具体的にどのように推移していったのでしょうか。高度成長期は，高成長・低失業・卸売物価安定・消費者物価騰貴・高利潤率と特徴づけられますが，このスタグフレーション期は，低成長・中失業・急速な物価騰貴・低利潤率と特徴づけられます。この時期は日本をはじめとして世界的にスタグフレーションに陥り，経済状態が悪化したわけですが，日本は唯一例外的にコスト切り下げに成功して，輸出を集中的に増加しました（**集中豪雨的輸出**）。ある意味で日本が一人勝ちした時代でした。ですから**経済摩擦**や**貿易摩擦**を引き起こし，日本バッシングがアメリカを中心として世界的に起こってきます。

レポート課題「高度成長期とスタグフレーション期を比較しなさい」

> **講評**　レポートの多くは成長率や失業率や物価を比較していてよかったと思いますが，なかには間違えてスタグフレーション期には物価が下落したというのがありました。高度成長期にすでにスタグフレーション化が進んでいたのだとするレポートもありましたが，そのとおりです。

より深く学習するために

現代資本主義が高度成長したがゆえに（成功したがゆえに），スタグフレーションに陥った（失敗した）点については，

［1］拙著『現代資本主義の循環と恐慌』岩波書店，1981年，第5章
［2］拙著『戦後の日本資本主義』桜井書店，2001年の第5章では，スタグフレーションとこの時期の景気循環（列島改造ブーム・狂乱物価・戦後最大の恐慌・減量経営・集中豪雨的輸出）が分析されています。

第22講　バブルの宴（うたげ）と長期停滞

　きょうは1980年代のバブル経済と90年代のその崩壊について話しましょう。

マネー取引の急膨張

　1980年代のはじめは世界的に長期的不況が続きましたが，1982・83年になると物価騰貴が1～2％と落ち着いてきました。しかし世界的に過剰な貨幣が今度は資産に向かい，株や土地の値段が急激に騰貴し始めました。金との交換を停止して**変動相場制**になったドルは過剰な貨幣となり，世界中を浮遊するようになったのです。すなわち，少しでも金利の高い国，上がりそうな国の貨幣（外国為替），上がりそうな国の土地や株を求めて短期間に国際間を移動するようになりました。これを**投機的な金融活動の活発化**と呼びます。現在ではこれはもっと激しくなっています。インターネットを利用して瞬時に取引がなされ，また24時間休まず取引されるようにまでなってきています。本来，外国の貨幣がなぜ必要になるかといえば，輸出と輸入の差額を決済するためでした。ところが，いまは貿易取引の50倍・60倍ものマネー取引がおこなわれるようになっているのです。これは明らかに，マネーが実際に必要とされる範囲を超えて投機活動のために取引されていることを示しています。どのようなマネー（資金）がマネー取引に使われているかというと，金持ち（資産家）のマネーはもちろんですが，ヘッジ・ファンドといって100人くらいの大資産家の資産が集められ，それを元にして大銀行が貸し付けるから莫大な資金量が運用されます。それは発展途上国の予算を超えるような額になっています。さらに資産家のマネーだけでなく，さまざまな年金基金が運用されています。将来の年金支払いを確実なものにしようとして基金を増やしておこうとするのでしょうが，これが高い収益（ハイ・リターン）をもたらす可能性と同時に大損をする危険性も高い（ハイ・リスク）分野に投機的に

図 22-1 地価と株価の推移

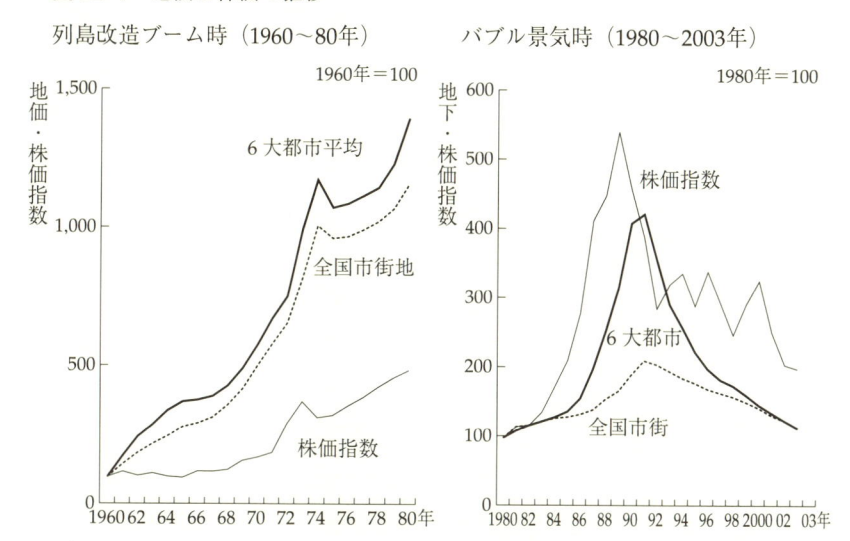

列島改造ブーム時（1960〜80年）　　バブル景気時（1980〜2003年）

原資料：日本不動産研究所「市街地価格指数」，東京証券取引所「証券取引年報」。
出所：総務省統計局監修『統計でみる日本 2004年』日本統計協会，2003年10月，75頁より。

投資されています。汗水流して働いて積み立てた資金がチャラになってしまう危険性をはらんでいるわけです。

日本は最も深く夢に酔いしれた—株価の急騰と暴落

　こうした国際的な投機的金融取引を背景として，日本でも世界一といってよいようなバブルが形成されました。そもそも**バブルとは何か**。通常，**実体経済（ファンダメンタルズ）から乖離した資産価格等の騰貴**のことをいいます。まず株価の動きをみておきましょう（図22-1，参照）。株価全体の動きをみる代表的指標として東証指数と日経平均がありますが，前者は東京証券市場に上場されている株全体の動きを示し，後者は代表的な銘柄の動きを示します。だいたい同じような動き方をします。

　1989年の年末には株価は最高値に達し，兜町は最高の気分で正月を迎えましたが，松の内が明けて証券取引が始まった途端に一斉に日本売りが殺到し，株・債権・円が同時に暴落し始めました（トリプル安）。アメリカでも下落

第22講　バブルの宴と長期停滞　　161

しました。資金は東京やニューヨークからドイツのフランクフルトに流れていきました。ヘッジ・ファンドは先物取引といって何ヵ月かあとの売買を予約するということを盛んにやっているのですが，それが正月明けとともに先物取引（裁定取引）を解約していっせいに株の現物売りに走りました。その後，90年代は景気の谷を深めながら段階的に低下していきました。現在の株価はバブルが始まるころの水準にあると考えてよいでしょう。高く売った人は儲け，安くしか売れなかった人は損をしたわけで，結局はゼロ・サムの世界です。証券会社や銀行が株を買ったばかりでなく，本来モノづくりを専業とする製造会社が営業外の資産運用に走り（財テク），さらに個人の資産家ばかりか家庭の主婦や退職した年金生活者までが財テクに走りました。いわば日本全体がバブルに酔いしれたのです（ユーホリズム）。

土地神話の崩壊

　地価も株価と同じように騰貴し，暴落しました（図22-1，参照）。地価の場合は，列島改造ブーム（第一次バブル）直後の1974年を除くと，戦後一貫して上昇していましたが，1991年からは長期的に低下していきました。**土地神話が崩壊**したのです。価格が上昇していますから売れば莫大な利益の発生が期待され（これを**含み益**と呼びます），土地を担保として金融機関から借りまくりました。累積する貿易黒字や世界中から借り集めたマネーが一部は設備投資や海外投資にも回されましたが，多くは資産購入に向けられました。90年までの地価の騰貴率と国民総生産物（GNP）の成長率を比較すると，1975～77年の間と1983～85年の間を除いて，地価の騰貴率のほうが高かったのです。政府は89年から金利を引き上げ始めましたが，それは株価上昇のブレーキとはならなかったように地価騰貴のブレーキにもなりませんでした。90年になって不動産向け融資の総量を規制したので，地価は暴落していきました。株価と同様に地価もバブル開始時期の水準に落ち込んでいると考えてよいでしょう。ですからバブル期に家を買った人たちはローンの返済が重荷となっています。また住宅の買い替えが困難になっています。図22-2 に示されているように，バブルの崩壊によって総額で土地は約1000兆円，株は約

図 22-2　地価と株価の総額の推移

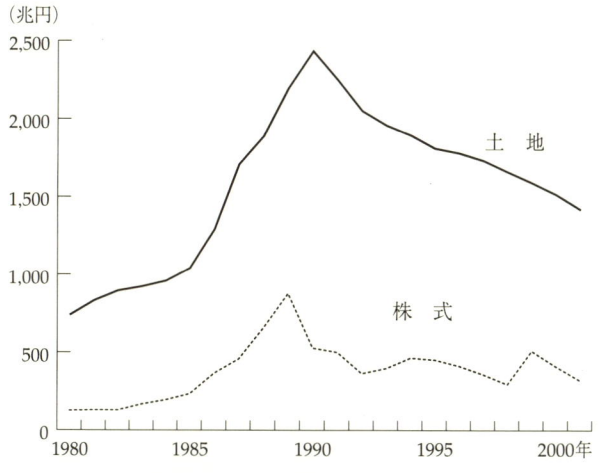

注：1）土地は再生産不可能有形資産。
　　2）株式については，その保有者によって家計部門，民間法人企業，民間金融機関および海外は市場価格，その他は帳簿価格で評価した。
　　3）1989年以前は定義が異なり，かならずしも接続しない。
原資料：内閣府「国民経済計算」。

500兆円消滅したことになります。国民総生産の3倍以上の消滅です。

バブルの真犯人は？

　以上がバブル期の動向です。では，なぜバブルは発生したのでしょうか。いろいろな原因がありますが，第一に，この時期，日本は**金融の自由化**に踏み切ったということがあげられます。日本は1960年代後半に経済大国に，80年代には債権大国になりました。逆にアメリカは債務国に転落しました。しかし，アメリカは1971年に金とドルの交換を一方的に停止しましたが，じつはその直後から金融的な反撃を世界的に展開しているのです。83年の秋に訪日したレーガン政権はさまざまな経済要求を日本に出しましたが，貿易黒字でたまる資金がアメリカに流れるのは日本の金融市場が閉鎖的であるからだというヘンテコな理屈で，**アメリカの金融資本**が日本でも自由に活動ができ

るように要求しました。これが金融の自由化要求であり，当時の中曽根内閣はこれを受け入れました。第二に，**銀行の行動（ビヘービア）が変わって**きたことがあげられます。高度成長の終わりごろから，日本の企業は内部資金が豊富になってきました。その結果，企業自身が銀行からはおカネをあまり借りなくなりました。株も上がりますから，自社株を発行して自分で資金を調達するようになります。それだけ日本経済が過剰になってきたということでもあります。銀行はカネを貸して儲けるというのが本業ですから，貸付先を中小企業や個人のほうへシフトさせました。関西の大銀行が東京に支店をどんどん開設したり，外資系の銀行も入り込んできました。その結果，オフィスの需要が急増し，建設投資が進み，土地の値段も上がりました。大銀行が中小企業に貸し付けますから，中小の銀行は得意先を奪われ，貸付先を不動産や土地・株にシフトさせざるをえなくなりました。大銀行そのものもさきに話したように，バブルのほうに資金を注ぎました。その過程で銀行は地上げなどで闇の世界との関係を深め，またそれを監督すべき金融当局が接待攻勢に染まっていくという，のちに暴露されるスキャンダルを繰り返しました。

不良債権処理か景気回復か

　ところが株価や地価は，1990年と91年に暴落し始めました。土地を担保に融資していた銀行の債権が，その結果，不良債権化したのです。その後の歴代の政権は不良債権の処理を銀行に強制することを先送りしてきました。そのために不良債権がさらに増加しました。その過程で潰れた大銀行や大証券会社がありましたが，結果は，4大メガバンクといわれる東京三菱グループ，三井住友グループ，みずほグループ，UFJグループに収斂され，第5のグループとして約2兆円の公的資金が投入された「りそなグループ」になりました。さらにその後，UFJが吸収・合併されるところまで進展しましたが，どこにいきつくかはまだ不透明です。この不良債権の処理をあまり急速に進めると実体経済を壊してしまう恐れがありますし，逆にズルズルと長引かせれば不況的な状態をさらに長引かせてしまう恐れがあります。政策的な選択が

大変に困難になっている状態にいまの日本は直面しているといえるでしょう。この状態から脱出するためには過剰な債務をもっている産業を再生させなければなりません。2004年度現在，日本経済は本格的回復軌道に乗ったとの論調が出てきました。しかし好調なのは，リストラをやり，中国やアメリカへの輸出を増加させている産業（鉄鋼，電機，自動車など）であり，回復が全体に波及するかは速断できません。地方経済は依然として冷え込んでいるし，中国やアメリカの景気動向や石油価格の動向によっては回復が挫折する可能性もあります。

レポート課題「バブルの犯人探しをやってみましょう」

> **講評** みなさんはバブルが始まった頃に生まれ，バブルが高進しているときに小学生時代を送ったと思います。その頃，男子は少年野球とかサッカーに熱中していたでしょう。それはともかく，バブルの本格的な研究はむしろこれから始まるでしょう。政策，制度，企業や家計のビヘイビアや心理，エコノミストやメディアの果たした役割など多面的・総合的に考えてみてください。

より深く学習するために
　バブルとその後の長期停滞については，
[１] 宮崎義一『複合不況』中央公論社，1992年
[２] 篠原三代平『長期不況の謎をさぐる』勁草書房，1999年
[３] 金子勝『長期停滞』ちくま書房，2002年
[４] 小西一雄・山口義一『ポスト不況の日本経済』講談社，1994年
[５] 拙著『戦後の日本資本主義』桜井書店，2001年の第6・7章は，この時期を分析しています。

第23講　日本病の実態

戦後体制は急速に変化している

　戦後体制はどのように変化してきたのでしょうか。これまでの話を羅列的ですがまとめてみましょう。冷戦体制が崩壊し，IMF＝GATT体制も変質してきました。南北問題は依然として解決されず，技術革新は転換期にあるといってよいでしょう。国家の政策はケインズ主義から新保守主義に転換しました。また，企業集団は外資を含めて大幅な再編成の過程にあります。それにともなって株の相互持ち合いも変わってきました。最も極端に変わったのは金融機関で，4大メガバンクになりました。再編成は系列を越えて進んでいます。これは国際的規模での資本の集積・集中運動であり再編成です。そういう意味ではグローバル化が進展しているといえます。しかし，いまこのグローバル化を一方的に進めていいものか否かという問題があります。

暗い予感がする

　労働体制なり社会体制のほうはどうでしょうか。この間，労働運動は後退し低迷しています。全国的な統一が崩れ，連合，全労連，全労協に分裂しています。組合に参加する労働者の率を組織率といいますが，これが低下しています。この数年間，春闘でのベースアップは多くがゼロ回答でした。階級構成はどうでしょうか。すでに1955年には労働者階級や新中間層が増えて，日本は近代的な資本主義国になりました。それがいまはどうなっているのでしょうか。この傾向がますます強まってきたといってよいでしょう。労働の内容からみると，派遣労働者やアルバイトやパートタイマーやフリーターが増えてきました。国民の意識はどうなってきたか。「中意識」が低下しています。将来に不安や不満をもつ人々が増えてきました。1999年のデータですが，生活に対する不満を6割の人がもっており，老後の不安や将来生活の不

安を8割近い人がもっています。生活環境はどうでしょうか。住居は充実してきたかもしれませんが，環境破壊が進行してきました。全体的にみれば生活環境は悪化しているといえるのではないでしょうか。地球的規模での環境問題を考えてみれば，それはよくわかります。その意味では，生命の危険性は増加しているのではないか。これは前に話しました。政治や教育はどうでしょうか。政治的には55年体制が崩壊し，自民党単独政権も崩壊し，連立政権の時代になりました。また教育を管理化していこうとする傾向が出てきました。国立大学が独立行政法人になりましたが，競争原理を取り入れるといいながら，教授会から学長を中心としたトップ・クラスのところに権限を集中させて運営し，そして研究・教育業績をあげた大学には予算を重点的に配分するというわけです。しかし，だれがこの業績を評価するのでしょうか。私学こそがある意味では大学の自治を守らなければいけないわけですが，しかし私学は財政危機にあり，受験生獲得競争に走っています。受験生にとって魅力のある大学とはどんな大学なのでしょうか。偏差値によって輪切りにされているいまの大学評価でよいのでしょうか。

団塊世代の三神話が崩壊し三つの過剰を抱えている

　経済問題について話しましょう。私は，いまの日本経済は危機的状態だと思っています。国内にいると感じにくいのですが，国際的にはかなり厳しい見方をされています。ヨーロッパの雑誌だったと思いますが，日本は自分が高年齢化していくことが自覚できていない状態だと批評されました。あるいは外交の舞台において，表面的には外交辞令が使われていますが，舞台裏では，日本は軽視されてはいないでしょうか。たとえば中国の指導者たちが日本をどう見ているか，内心では軽視しているといわれます。この間，日本経済の三つの神話が崩壊しました。まず地価は絶対下がらないという**土地神話**が崩壊しました。銀行は絶対に潰れないという**銀行神話**も崩壊しました。1990年代に2回にわたって銀行が倒産しました。みなさんにとっては，こうした神話が崩壊している状態のほうが普通だという感覚でしょうが，私たちの世代にとっては，まさに神話が崩壊したようなものです。また，これまで

不況期にも個人消費は減らなかったのですが，90年代の後半からは個人消費が冷え込み，減少してきています。これは**個人消費の神話**の崩壊です。

さらに，日本経済は三つの過剰を抱えています。一つは工場内の**機械設備の過剰**です。2003年には原子力発電所は稼働を停止しましたが，これは事故で停止したのです。機械設備の過剰にともなって，それを動かすべき**雇用が過剰**になっています。以前だったら定年まで働いてくださいといっていた企業が，いまでは「特別に退職金を支給しますから退職してください」と希望退職を募っているありさまです。これがいわゆる会社のリストラです。三番目の過剰は借金（債務）の過剰です。貸した銀行からみれば，いわゆる**不良債権問題**です。不良債権額はすでに2000年度末において，要注意先企業まで含めると150兆円くらいになっていました。銀行も貸倒引当金等を積み立てて償却しているわけですが，景気も悪くなっていきますから不良債権額がまた次々と増えてしまうわけです。そういうイタチごっこ状態でした。銀行は自己資本の比率を高めようとして，グループ企業から融資資金を集めたりしているわけです。

さらに**財政危機**です。2003年の財務省発表によれば，国と地方を合わせて政府関係で総額961兆円の借金をしているということです。前に話しましたように，家計にたとえていえば自己破産しているような状態です。本気で借金を返そうとするのならば大増税か，あるいは大インフレを起こすしかないでしょう。そうしたら国民の生活は破壊されてしまいます。そのようなことを国民が許すでしょうか。インフレを起こして景気をよくしていこうという議論がありますが，その背後にある考えはこの借金問題の解決です。あるいは，江戸時代の徳政令のような命令をだして，債権債務関係をチャラにしてしまうこともありえます。しかし，国の借金はチャラにしたとして，個人がローンとして借りている借金をチャラにまでするでしょうか。貸している銀行はそれを認めるでしょうか。これは資本主義制度を超えた革命政権あるいはファシスト的な政権でなければ実行できないでしょう。前にも話しましたように，これまでにもなんとか財政赤字を減らして健全財政にしようとする緊縮財政が試みられましたが，いずれも中途半端であり，実際は景気回復，

しかも自民党の選挙基盤を守れるようなおカネのバラ撒きでしかありませんでしたから，ますます借金が膨らんできてしまったわけです。中曽根内閣の行政改革，一時期の橋本内閣の行政改革，そしていまの小泉内閣の構造改革がそうしたものです。小泉内閣の構造改革は「骨太の計画」と宣伝されましたが，「骨細りの計画」といったほうがよいでしょう。

つぎは**雇用危機**です。本格的な失業時代が到来しました。高齢者の失業が増えてきましたが，いま現在では若年層の失業が増えてきています。みなさんも身近に見ているでしょうが，先輩のフリーター化です。自由な時間を有効に使おうとか，あるいは**夫婦のワークシェアリング**としてフリーター化する場合もあるでしょうが，多くはフル・タイムで働けないからやむをえずフリーター化しているといってよいでしょう。以上，網羅的，概略的に急いで話してきましたが，いま現在，日本経済はこのような問題の解決を迫られているということなのです。

レポート課題「日本社会が直面する諸問題をどう解決していくかを考えてみましょう」

> **講評** 一番多く取り上げられていたテーマは財政問題でした。経済的問題や政治的問題もありました。なかには自分たちの政治意識を変えなきゃだめだという意見もありました。もっと自分のことを考えなければいけないという意見もありました。いずれもとても興味深く読ませてもらいました。きょうは本年度最後の講義ですので，講義の感想や意見や批判を書いてもらう予定です。

より深く学習するために
現代日本社会と日本資本主義が危機的状態にあることを分析している数少ない書物として，
[１] 都留重人『21世紀日本への期待』岩波書店，2001年
[２] 森嶋通夫『なぜ日本は没落するか』岩波書店，1999年
[３] 久留間健『資本主義は存続できるか』大月書店，2003年

筆者の危機論については，
［4］拙著『戦後の日本資本主義』桜井書店，2001年の第8章
［5］拙稿「日本資本主義の危機と改革 (1)(2)」『東京経大学会誌』第233・234号

第24講　明るい経済社会を構想しよう

　きょうは，私なりの改革の方向性を話して，みなさんにも考えてもらおうと思います。21世紀はみなさんの時代なのですから，しっかり考えていただきたい。

生産様式・生活様式を見直そう
　第一に生命と健康の問題です。あるいは生活の問題です。人間はこの地球上に生きる生命の一つであり，だれでも生きる権利をもっています。もちろん動物や植物も生きる権利をもっております。人がこれからも長く生きていくためには，いまの生産の仕方とか生活の仕方というものを転換していく必要があるのではないでしょうか。講義でもたびたび指摘してきましたが，いまのエネルギーを転換して，環境を大切にし，自然と共生できるようなエネルギーに転換する必要があります。2003年の夏は原発事故で電力が不足するのではないかといわれましたが，そもそも考えてみると，現在のように電力を大量に使う生活が必要なのでしょうか。都市にあまりにも人口が集まりすぎていますから，またコンクリートで固めてしまっているから，その反射で都市全体が暑くなってしまう。そのために家のなかにエアコンを入れる。そうすると部屋のなかは涼しくなりますが，外に熱を出すわけですから，周りはいっそう暑くなってしまう。いわゆるヒートランド現象です。各家庭では冷蔵庫が必需品になりましたが，その結果，オゾン層を破壊するフロンを出してしまったわけです。新聞報道によれば，すでにヨーロッパの温度は1度上昇しているといわれます。化石燃料を使うから二酸化炭素が増える。地球が温暖化するわけです。ですから，化石燃料に依存した生産様式や生活様式を変えなければいけない。ガソリン・エンジンを考え直そうとか，屋上に緑を植えようという運動が起こってくるわけです。もっと**自然のクリーンなエ**

ネルギーを使うことを考えなければいけません。風力発電というものが見直されていますが，たとえば100万円くらいで設置すれば，1年間家庭で使うくらいの電力は供給できるといわれています。あるいは波の力を利用する，あるいは地熱や太陽エネルギーを有効に使用することを考える必要があります。

緑の復興

　第二に環境とか健康に直接関係する産業は，農業とか林業とか水産業といわれる第一次産業です。しかしこれが高度成長期以降衰退してしまっています。山で仕事をしても採算に合わないから，農家は自分の山に入らないし，営林署の職員が減ってしまっているから国有林は荒れ果ててしまうわけです。ですから，ボランティア活動で山林作業をしようという運動が起こってくるわけです。また，コメを作る水田が減反政策によって休耕地化しているわけです。畑も同様です。したがって**食糧の自給率**がだんだん下がってきています。はたして外国の安い食料品を輸入すればいい，といえるでしょうか。もっと環境とか健康とか生命というものを重視すべきです。また**緑を復興**しなければなりません。私たち日本人はあまり気づいていないことですが，前に話しましたように，日本は緑豊かな国なのです。レポートでも「経済成長は高いほうがいいのだろうか，低いほうがいいのだろうか」について考えてもらいました。環境を破壊してまで石油を使い成長を高める必要があるのでしょうか。これまで経済が成長すれば雇用が増え賃金も増えるからいいのだ，という考え方が支配的でしたが，高度成長は異常だったのではないかと考える人たちもいます。たしかに経済成長は必要です。福祉や社会保障をさらに充実させ，発展途上国の貧困を解決するためにも成長が必要です。ですから私の考えは「**維持可能な成長**」（**Sustainable Growth**）という考え方です。「持続可能な成長」ともいいますが，高かったところの成長は低め，低かったところの成長は高める，そのためにはマーケットに任せておくだけではなく，**計画的な経済成長**が必要でしょう。

自然の科学的制御

　第三に**自然を正しく科学的に制御する**ことを真剣に考えなければなりません。人間はまさに自然を改造してきたわけですが，前にも話しましたように，自然は人間の働きかけによって文化的・歴史的に変化してきました。しかし，生態系のバランスを崩してしまうと，人間は自然から報復されます。これには歴史上さまざまな事例があります。そういう意味で人間は自然を正しく利用し制御しなければならないということ，そのためにはどのような経済社会であるべきか，あるいは科学の研究や開発もどうあるべきかが問われているのです。残念ながら，これまでの科学・技術は，主として軍事目的のため，すなわち人や自然を破壊することを目的として開発されてきました。今後，科学そのもののあり方を真剣に考えなければならないと思います。

人間の主体性を再建しよう

　第四に**人間性**あるいは**人間の主体性**の問題です。人間はまだまだ真に解放されてはいません。日本国憲法には，さまざまな市民的な権利が保証されています。生存権・労働する権利・教育を受ける権利・自治権などです。それがどれだけ実現され実行されているか，あるいは守られているのかということが現実の問題としてあります。日本人の生活はこの憲法によってある意味では規制されているし保証されてもいます。いま盛んに憲法の第9条を中心として改憲しようという議論が出ていますが，むしろ市民的権利をより一層発展させることこそ考えなければならないと思います。マルクスが共産制社会として理想としたのは「**自由人の連合体**」でした。あるいは**アソシエーション**ともいいます。個人と共同社会との関係は相互扶助的な関係です。個人が確立することによって共同的・連帯的な社会がつくれるし，共同的・連帯的な結びつきが強くなれば個々人はより自由になり創造的な活動ができるようになります。そういう意味で**自由な個人が連合する社会**を理想としたのです。これは千年王国のような夢のようなものでしょうけれども，理想は理想として高く掲げるべきです。現にいまの社会のなかにも，こうした理想社会

の萌芽なり潜在的なものが形成されてもいるのです。

市場と企業の社会的規制が必要

　こうした人間性を阻害するものとし，講義でたびたび話しましたように，商品経済がありました。生産物をつくる労働力そのものも商品化していました。**新新古典派経済学**は，商品経済は認めますが，**労働力の商品化は認めません**。労働力が商品化しているから**剰余価値**が生産され，それが雇用した資本の取得するところとなり，それがさらに**蓄積**され，労働者を雇用する主体として登場してくる，これが**資本主義経済の特徴**でした。商品経済は資本のイニシャティブによって営まれる経済でした。これがさまざまな**人間疎外**をもたらす根因となっています。生産物がそれをつくりだした労働者自身のものにはならないで，かえって労働者を支配し，労働を強制する資本に転化してしまっている。環境問題などは自然からの疎外といってよいでしょう。人間そのものが人間から疎外されているのです。どうも働きがいがないとか，何のために生産しているのだろうか，という懐疑に人々はとりつかれています。最近の問題としては，働きすぎがもとで過労死や過労自殺が生じているわけです。あるいは生活の面でいえば，何のために生活しているのだろうか。食べていくためといわれるが，企業がつくったものを消費させられているという面もあります。携帯電話は本当に必要だろうか。最近，その社会的な影響を中立的に研究する研究所がつくられました。こうしたさまざまな疎外を克服するためには，やはり**利潤原理**にもとづく**市場主義**を制限していくことを考えなければならないと思います。**市場を社会的規制のなかに埋め込む**といってよいでしょう。日本の大企業は毎年6月に一斉に株主総会をやりますが，株主の権利を発揮して，儲けるだけでなく企業の社会的責任を追求する必要があります。実際の株主総会はシャンシャン大会に終始していますが，なかには株主オンブズマン運動などで，これを変えようと頑張っている弁護士や学者もいます。こうした地道な活動は非常に貴重なものです。あるいはさまざまな消費者運動があります。生産者と結びついて直接に農産物を手に入れようとする運動もあります。さまざまな産地直送の運動とか，地域生協運動

があるわけです。しかし，市場をどのように利用していったらよいかという問題は未解決の問題として残されています。

未来は明るい展望をもつことによって獲得できる

　第五の問題は，みなさんにはレポートに書いてもらいましたように，**経済危機からの脱出策**です。いまの**長期的不況は基本的には需要不足に起因して**います。いいかえれば，それだけ生産能力が過剰になっているということでした。物価が下がるから景気が悪いのだ，というのはまったくおかしな話であり，需要が不足していることこそが不況の原因です。ですから冷え込んでいる設備投資や個人消費を温める社会的な条件をつくりだす必要があるのです。政府の支出を増やして景気をよくしようというのが従来のやり方でした。しかし，それがうまく効果を発揮しなくなって，むしろ財政赤字だけ増やしてしまったわけです。この間，緊急経済対策として100兆円くらい支出しましたが，一向に本格的な景気回復にはつながりませんでした。これが現実なのです。人々は将来に不安がありますから貯蓄を増やそうとします。高齢化社会になるから消費が伸びないのだとする見解もありますが，最近の調査では，むしろ年金生活者が消費を増やしているといわれます。将来の不満を解消できるように未来設計を出すことが必要なのです。消費税についていえば，高級商品には税率をもっと高くしてよいでしょうが，私たちが生協で食べる食事にまで消費税をかける必要があるのでしょうか。失業も社会的問題です。以前にワークシェアリングという話をしましたが，所得水準が少しくらい下がっても，家族全員が働けばそれは補えます。なにより失業者を出さないようにすることが大切です。高齢者の雇用促進ということが最近いわれはじめているでしょう。父親だけが猛烈に働いて過労死してしまうような不幸を避け，家族全員で働き，そこから生まれる**自由な時間**を有効に使うことを考えるべきでしょう。**自由な時間をボランティア活動とか賃金を受け取る労働とは違う活動に振り向ける。そこにこそ連帯とか共闘が生まれる基礎があり，将来を展望する核心がある**と思えます。

平和大国をめざそう

　最後に，これからの日本人そして日本という国は激動する世界のなかでどのような進路を進むべきなのでしょうか。21世紀はグローバリゼーションのいっそうの進展と国際的「テロ」事件の続発によって幕があけました。経済の国際化は資本主義世界の誕生とともに始まっていましたが，現代の特徴はインターネット（情報通信革命）を利用した金融取引を中心とした多国籍企業によって担われているところにあります。そして環境問題をはじめとして地球的規模で解決を迫られている諸問題が山積みされてきました。これからの日本人は，地球的規模での生活と平和に貢献できるような国際交流を深めていかなければなりません。そうしてこそ，日本国憲法の前文にもある「平和を維持し，専制と隷従，圧迫と偏狭を地上から永遠に除去しようと努めている国際社会において，名誉ある地位」を占めることができるのです。

　グローバリゼーションの評価は大変むずかしいところがあります。賛美する人たちと反対する人たちが両極にいますが，肯定面と否定面とを弁証法的に統一して考えることが必要でしょう。グローバリゼーションや情報通信革命は国際的な規模での資本の新たな集積・集中運動の展開であり，新たな生産力段階といえるかもしれませんし，生産様式や生活様式に深い影響を与えることは確実でしょう。国際的な人権運動や平和運動や環境運動に世界的なネット・ワークが利用されているのは素晴らしいことです。しかしグローバリゼーションを実際に進めている主体は，世界の人民ではなく，多国籍化した国際的な資本です。しかも冷戦体制が崩壊したあとの**アメリカの単独行動主義（帝国主義）**のもとで進められてきたというのが現実です。湾岸戦争（1991年）やアフガニスタン侵攻（2001年）やイラク戦争（2003年）をみれば，それは歴然としています。ですからグローバリゼーションに対抗するように，**地域統合（EU）**や**ローカリズム（地域コミュニティの復権）**が起こっているのもある意味で必然的でしょう。やはり「**利潤原理にもとづく市場主義を制限する**」ことが必要であり，**多国籍企業を国際的に規制する**ことが必要であると考えます。そのためのさまざまな国際的機関が必要とされるでしょう。

　世界の平和と生活を守るために日本人は貢献すべきです。**日本には，世界**

に誇るべき市民社会の諸権利を保証し世界の恒久平和を希求する平和憲法があります。この精神を世界にアピールすると同時に，これを改悪し自衛隊に集団自衛権を与え海外派兵を公然と認める動きを阻止することが大切です。それこそが日本人の国際貢献になるでしょう。2004年6月に，各界の有識者9名が「9条の会」をつくってアピールを出し，9月には「さまざまな憲法9条を守る運動を推進し，立場を超えて手をつなぎあう」運動を開始しました。私はこのアピールに賛同します。それとともに「守る」姿勢から「攻める」姿勢も必要でしょう。従来の護憲運動の弱い面は，日本の安全保障をどう確保していくのかという点と，現に存在する自衛隊をどう改組しその任務をどうするかについて明確に答えていなかったことにあると思います。

日米安保体制はご承知のように，アメリカの核の傘のもとでの安全保障です。はるか太平洋を隔てたアメリカ大陸の国と軍事同盟を結んで，隣の東アジアを軽視していてよいのでしょうか。安全保障はまずまっさきに地域の集団的安全保障でなければなりません。日米関係，そして環太平洋経済協力体制に私は反対しませんが，もっと重視すべきは隣国の人たちとの協力です。「**東アジア共同体**」**構想**はもっと真剣に考えてみる価値があるように思います。安全保障体制の確立とともに，**平和憲法を生かして世界の平和と福祉に貢献するような平和外交**を展開しなければならないでしょう。武力によっては国際紛争，まして「テロ」は解決しないことを直視すべきです。そしてこうした活動を自衛隊の対外的任務とし，日本という国土と国民の生命を守る軍隊に改組することを考えるべきでしょう。

まだまだ，私が考えていることも，みなさんに考えてもらいたいことも，たくさんあるのですが，詳しくは，私の『戦後の日本資本主義』の第9・10章を読んで考えてください。

レポート課題「講義の感想・批判・要望を自由に書いてください」

講評 みなさんから実にさまざまでユニークな講義の「講評」が寄せられました。「それは違うと思う部分もあった」と書いてくれたS君，その疑問を大切

に4年間学んでください。板書（文字の大きさや色）についての注文もありました。今後，工夫したいと思います。なかには「難しかったけど歴史的なものも入ってけっこう面白く，眠たくならない講義だった」と書いてくれた人もあって安心しました。最後にI・M君の「講義の感想」を載せておきます。辛抱強く，熱心に講義を聴いてくれ，毎回レポートを提出してくれた新入生のみなさん，ありがとう。

講義の感想　この「社会経済学」は高校までの授業とは違い，実社会と関連づけて考えたりできたので新鮮に感じた。また，社会経済学に関心を持つことができた。講義の終わりに書いたレポートは，特に自分の考えなどを表現することができてよかったと思う。もとから，多少ながら経済や政治には興味はあったが，この講義に出席することでより深い考察ができるようになったと自分では思っている。この講義を通じて将来の社会の姿，あり方まで考えることができたのは，とても面白かった。今後の大学生活を送る中で，より深い理解ができるように，楽しみながら勉強していきたいと思った。（I・M）

より深く学習するために
　第23講であげた文献と同じです。

あとがき

　本書は，はじめて経済学を学ぶ人たちのために書かれた入門書です。その目標と内容については序「経済と社会を学ぶ」を読んでください。ある社会経済学の入門書の書評をしたときに，私は次のようなコメントをしました。(1) 高校までの社会科教育と大学での社会科学を中心とした専門教育との「橋渡し」をする導入教育の重要性，(2) 経済学体系への導入順序と高校生の問題意識とのギャップの存在，(3) 現代世界の現状を直視し，その危機的状況の分析に立脚した改革の構想（新しい社会の建設）の必要性，(4) 集団的作業（執筆）につきまとう一貫性の不明確化の克服，などでした。最近ぞくぞくと経済学への導入書が出版されており歓迎すべきですが，そうした作業に生かされればと願ってコメントしました。しかしこうしたコメントは私自身にも跳ね返ってくる性格のものでもありました。こうした課題を自分自身で果たさざるをえなくなって出来上がったのが本書です。

　本書の内容は，私が勤務する東京経済大学経済学部の2003年度前期の集中講義（社会経済学入門）で話したものです。録音テープを聴き直して，パソコンに音声入力の実験をしていったら，だんだんと面白くなってきて最後まで入力してみました。そのことを桜井香さんに伝えコピーを読んでもらいました。同感するとのことで，出版し世に問うことになりました。録音テープを起こしたものですから，文章は話し言葉になりました。講義では毎回レポートを課し，次回講義の冒頭で全体的に簡単な「講評」をし，レポートに簡単なコメントを書いて学生さんに返しましたので，「講評」を各講の最後に収録しておきました。読者は「講評」を参考にしながら，みずからレポート作成してみるとよいでしょう。みずからの頭で理解し，思考し，文章をかいたり，計算したりしてください。辛抱強く，そして目を輝かして講義を聴いてくれた新入生諸君に感謝します。

　本書は序を含めて25回の講義形式になっており，全体は5部から構成され

ています。序でその内容は概略的に説明してありますが，ここでは研究者そして教育者としての私の問題意識を記しておきましょう。

　序「経済と社会を学ぶ」では本書の目標と各部の内容が紹介されています。「自分自身で体験したり，問題を発見して，その解決方法を考えるような教育」が大切であり，少々むずかしく言えば「現代の日本を素材として，経済や社会の基礎知識を学び，経済と社会とを結びつけた経済社会を歴史的・論理的に考察する能力を養成する」ことが本書の課題でもあります。

　第Ⅰ部「自然と経済と社会と人間の実践活動」はいわば社会科学入門にあたりますが，現代の若い人たちも「いかに生きるべきか」とか「何をなすべきか」ということを真剣に考えていると思います。人生の目的を見つけるために大学に来たというレポートもありましたように，いまの大学では「動機をつけてやる」・「目標をつけてやる」ことが重要になってきたと思います。そうしたことを考慮して最初に人間の考察からはじめました。自然や経済や社会や思想はすべて人間の主体的実践活動がつくりだしたものであると同時に，それらの総体に規制されながら人間は生活していることを強調しました。専門的にいえば，生産力や生産関係などの概念を豊富化し，イデオロギー論を展開し，弁証法的唯物論（唯物史観）を創造的に発展させるという研究課題でもあります。抽象的な概念的話で終わらず，なるべく戦後の日本社会を例として説明してみようとしました。

　第Ⅱ部「資本主義経済の基礎概念」では，経済学の最も基礎的概念である商品・貨幣・資本をなるべく日常生活に密着させながらやさしく説明してみました。日常生活のなかに経済や社会や思想があることを知ってもらいたいと同時に，さまざまな経済学派はこうした基礎的概念をどのように説明しているか（あるいは説明していないか）を比較してみるとよいでしょう。剰余価値こそ資本主義経済の本質ですが，その説明は少々むずかしかったと思いますが，何回も読み直せば理解できます。第11講では，資本主義を社会システムとして全体的に把握する重要性を強調しました。

　第Ⅲ部「資本主義の歩みと経済学」では，500年近い歴史をもつ資本主義社会の世界史的発展過程（段階的発展）を取り上げ，資本主義の発展・展開

と密接に関連しながら経済学のいろいろな学派が形成されてきたことを説明しています。現代を知るには歴史を知らなければならないし，歴史から学ぶことによって未来が展望できる関係にあります。資本主義社会というのは新人（ホモ・サピエンス）が誕生してからわずかに100分の1ぐらい存続してきた社会体制（生産様式）にすぎない特殊・歴史的社会であり，永遠不変の社会体制ではありません。それとともに500年も存続してきた資本主義社会は，21世紀以後生き延びることができるのかも考えてみなければなりません。本書ではたかだか500年近い歴史的発展過程を概観しただけですが，人類そして地球の歴史については本書末の「年表」を参考にしてください。「年表」には，自然・経済・政治・教育・社会・文化・科学の全分野から本書の内容と関連すると判断した事項を選択しました。本書を読み進めるさいの参考にしてください。

　第Ⅳ部「資本主義経済の運動」では，第Ⅱ部の理論を踏まえながら経済が動いていく過程を簡単に説明しました。身近な日常生活で意識される「常識」から出発しながら，その本質を説明し，そしてそれらの本質関係が現代日本にどのように現われているかを説明してみようとしました。マルクスの再生産表式の説明は少々むずかしいかもしれませんが，わからなかったら先輩にでも教えてもらってください。そして，所得の源泉をどう説明するかによって，マルクス経済学と近代経済学とに2分されることを知ってください。

　第Ⅴ部「戦後日本社会の歩みと新しい社会」は，私が3年前に書いた『戦後の日本資本主義』（桜井書店，2001年）を要約し，その後の3年間を簡単に補足したものです。戦後の日本社会は急激に発展し変貌してきたことを知ってもらいたいし，21世紀初頭の日本社会は戦後体制の総決算が求められるぐらいの困難（危機）を迎えています。憲法を変えて強権的にこの困難を乗り切ろうとする人たちもいますが，私の理想とする社会は，自立した自由な個人が連帯しあう社会（「自由人の連合体」・アソシエーション）です。読者みずから新しい社会を構想してください。日本国憲法の市民社会的原理を擁護し発展させていくことが「新しい社会への方向」であり，またさまざまな萌芽的・潜在的運動や活動は世界でも日本でも生まれていることを確信して

います。

　最後になりましたが，東京経済大学経済学部の南原真教授と桜井書店の桜井香さんは，この夏の記録破りの猛暑のなかで草稿とゲラを読んでくれて有意義なコメントを提供してくれました。本書が多少とも類書と比較して読みやすいとしたならば，両氏の貢献はきわめて大きいことを記して，深く感謝します。

　　　　　　　　　　　　　　2004年9月8日　秩父ゼミ合宿の夜

　　　　　　　　　　　　　　　　　　　　　　　　長島　誠一

索　引

あ行

IMF（国際通貨基金）　116-117, 139, 153, 166
アソシエーション　173
一般的（均等）利潤率　124-125
エンゲルス，フリードリッヒ　17, 35, 52, 113

か行

カウツキー，カール　111-112
価　格　10, 63, 70, 74-75, 107, 112, 117, 123-126, 130-131, 134, 154-155, 162
科学＝産業革命　36, 39, 118, 139
価　値　64-65, 67, 69-72, 73-81, 104-105, 123, 125-128, 131, 133-134
価値形態　69-71
GATT（関税と貿易に関する一般協定）　116-117, 139, 166
株式会社　83-84, 94, 108, 140
貨　幣　59-60, 62-63, 67-72, 73-75, 81-82, 123, 160
貨幣経済　10, 54, 68, 72
貨幣資本　81
貨幣の機能（働き）　70-72
可変資本　128-129
関税政策　108
監督賃金　133
管理通貨制　67, 72
機械制大工業　41, 43, 99-101
企業者利得　133
企業集団　84, 87, 107, 140-142, 147, 166
寄生地主制　96
旧中間階級　26-27, 85
協　業　36, 41-42, 46
共同管理国家　100, 119
銀行資本　134

近代経済学　11, 105-106, 111-114, 133
金融寡頭制　141-142
金本位制　67, 72, 99, 109, 116
金融恐慌（昭和の）　110
金融資本　107-109, 112, 141, 163
金融政策　119, 147
金利生活者　82
グローバリゼーション（グローバル化）　30, 60, 166, 176
景気循環　102-103, 112-113, 147-152
ケインズ，ジョン・メイナード（政策）　10, 110, 112-113, 116, 166
ケインズ経済学　113
ケネー，フランソア（の経済表）　96-98
限界学派　105-106, 112
原始社会　52
原始蓄積段階　91-92, 94-95, 98, 107
効用価値説　105, 112
『国富論』　42, 100, 104
穀物法の廃止　99
国　債　151
国　家　33, 50, 53, 91, 93-95, 99-101, 108, 113, 115, 119-120, 140, 142, 147, 166, 176-177
国家独占（現代）資本主義　91, 109, 115, 119, 140
古典派経済学　15, 96, 104-105

さ行

財政政策　110, 113, 119, 140, 147
再生産　10, 35, 50, 76, 82, 94, 127-131
サープラス　50-51, 52-54, 61
産業資本　99, 107, 134
産業予備軍　102
参入阻止価格論　124, 126
三位一体説　49, 112, 133-135

索　引　183

ジェヴォンズ，スタンレー　105
自己喪失の危機（identity crisis）　19-20
実質賃金率　51, 78
市　場　8, 59-60, 62-63, 65, 70-71, 76, 79, 81-82, 100, 123, 140, 174, 176
市場価格　123-124
市場経済　8, 59-60
市場主義　8, 99, 174, 176
自然と人間との物質代謝過程　23, 35
地主（土地所有者）（階級）　96-97, 99
資　本　8, 10, 42, 49, 59, 73-74, 78, 81-83, 86, 95, 100, 102, 107, 119, 123-124, 127, 134, 154, 166, 174
資本家階級　26-27, 46, 85
資本主義（社会）　15, 42, 48, 54, 59, 81, 91-92, 100-105, 107, 111, 115, 123, 139
資本主義経済　10, 59, 73, 75, 83, 91, 103, 105, 123, 129, 155, 174
資本制社会　51, 54
資本蓄積　78, 102, 127-129
資本＝賃労働関係　42, 48, 82, 92-95, 105, 115, 127
資本（投入）係数　125
資本の価値増殖（資本の循環範式）　48-49, 81-83, 119, 127, 134, 147
資本の過剰蓄積（過剰投資）　154
資本の技術的構成　125
資本の有機的構成　129
資本輸出　107-108
『資本論』　39, 45, 65-66, 69, 72, 80, 98, 104
市民社会　28, 47, 54, 86, 106, 142, 177
社会システム　22, 46-47, 49, 81-83
自由競争段階　91, 99, 102, 107, 111, 115, 119, 125
自由主義（政策）　91, 100
自由貿易（政策）　93, 99, 108
自由放任主義（レッセ・フェール）　100
重商主義（政策）　91, 93-94, 99-100
重商主義経済学　94, 98
修正主義論争　111
重農主義経済学　96-97
商業資本　107, 134
殖産興業　96

所　得　10, 27, 105, 112, 118, 119, 123, 132-135, 149, 155, 175
商　品　59-65, 67-72, 73-80, 105, 123-124, 127, 155
商品資本　81
商品輸出　107
剰余価値　77-79, 81-82, 104, 125-126, 127-129, 134-135, 174
剰余価値率　128-130
使用価値　59, 64, 69, 75-77, 79, 105, 127
植民地　92-93, 96, 107-108, 111, 117-118, 139
所得再配分政策　119
新経済政策（ネップ）　109
新古典派経済学　112-113
新中間階級　26-27, 85
人民民主主義共和国　110-111
信用（関係）　9, 68, 119, 141
スタグフレーション　113, 146, 153-159
スチュアート，ジョン　94
スミス，アダム　10, 42, 99-100, 104, 106
政・官・財複合体　28, 119, 141-142
生産価格　124-126, 134
生産関係　42-43, 46-48, 51
生産資本　81
生産手段　41, 50-51, 54, 61-62, 65, 78-79, 81, 101, 125, 127-130, 133-134
生産力　35-36, 41-42, 46-49, 51, 101, 133, 139
世界システム論　92-93
1929年大恐慌　109-110
操業度（稼働率）　109
ソ連邦（ソビエト社会主義共和国同盟）　109, 115

た行

WTO（世界貿易機関）　117
地　代　53-54, 97, 133-134
賃　金　9, 27, 76, 82, 85, 125, 128, 133-135, 144, 149, 155, 172, 175
賃金労働者（階級）　46, 54, 75-76, 77-79, 82-83, 95-96, 99-100, 127
帝国主義（政策）　91, 107, 109, 112, 118, 176
問屋制手工業　41, 101

独占価格　124, 126
独占資本　84, 92, 142
独占資本主義　92, 107, 115
独占段階　91, 107, 111, 115
独立自営農民（ヨーマンリー）　95
奴隷（制社会・労働）　9, 53, 75, 92, 96

な行

NIES（新興工業経済地域）　118
日本資本主義　139-169
ニューディール（政策）　85, 110
農民層の両極分解　95

は行

バブル　102, 109, 130, 146, 160-165
フィリップス曲線　157-158
ヒルファディング，ルドルフ　112-113
風　土　23-24, 31, 34, 36
不変資本　128-129
分　業　36, 41-42, 45, 53, 62-63, 65, 92
平均利潤　125
ヘゲモニー（国家）　93, 99, 108
ヘーゲル哲学　104
ペティ，ウィリアム　104
ベルンシュタイン，エドアルド　111
変動相場制　117, 154, 160
封建社会　51, 53-54
法人資本主義　87
保護貿易（政策）　93-94, 99, 117

ま行

マーシャル，アルフレッド　112
マージン　124
マニュファクチャー（工場制手工業）　41-42, 101
マルクス，カール　10, 15-16, 38-39, 65, 69, 72, 96, 98, 104-106, 111, 113, 128, 130, 134-135, 173
マルクス経済学　11, 21, 66, 104, 111, 113-114, 134
マルクス主義の三源泉　104
マン，トーマス　94

マンデヴィル，バーナード　94
ミル，ジョン・スチュアート　15, 106
民　族　24, 32-34, 53, 108, 111, 118
メンガー，カール　105

や行

唯物史観　16, 34, 51, 55
余剰生活手段　51, 78-79
余剰生産手段　51, 78-79, 128-129

ら行

ラッダイト運動　101
リカード，デーヴィッド　104-106
利　子　9, 74, 95, 107, 133, 151
利　潤　9, 74, 77, 82-83, 102, 107, 124-125, 133-135, 155
利潤率　109, 124, 134, 146
利子率　119
冷戦体制　115-116, 139, 166
レーニン，ウラジミール　104, 107, 109, 112
労　働　17, 21, 22-23, 28, 38-39, 41-45, 59-60, 63-65, 69, 75-76, 81, 101, 134-135
労働価値説　64, 69, 104-105
労働過程　41-43, 46, 48,
労働関係　41-43, 45, 46, 48
労働三権　85, 144
労働者階級　26-27, 46, 85, 109, 111, 166
労働手段　41, 50, 64, 78, 81, 130
労働対象　41, 50, 64, 78, 81, 130
労働投入係数　125
労働の疎外　38
労働の二重性　64-65, 104
労働力商品　75-80, 82
労働力の価値　76-79, 104, 128, 134
労働力の使用価値　76-77, 104

わ行

ワイマール共和国　109
ワークシェアリング　169, 175
ワルラス，レオン　105

年 表

本書と関連した事項を中心として作成。主として、華山紘一・木村靖二・窪添慶文・湯川武編『クロニック世界全史』(講談社, 1994年) を利用した。なお, 紀元年に付されている＊は「頃」を表わす。

約150億年前に宇宙誕生，約140億年前に銀河系誕生		紀元前 750年頃	ギリシャに都市国家ポリスが成立
約46億年前に太陽系と地球誕生		紀元前 607年頃	スパルタに軍国体制成立
約35億年前に生命誕生，約4億年前に生命は海中より陸上へ		紀元前 525年	ペルシャ帝国，オリエント統一
約2億5000万年前に恐竜とシダが栄える		紀元前 499年	ペルシャ戦争勃発
約2億2000万年前に哺乳動物が出現		紀元前 486頃	仏教の開祖ゴータマ・ブッダ死去
約6500万年前に霊長類が出現		紀元前 479年	儒家の祖, 孔子死去
約700万年前に類猿人が分岐		紀元前 400年頃	稲作技術，九州に伝わる
約50万年前に原人出現		紀元前 350年頃	青銅器・鉄器，九州に伝わる
約30万年前に旧人出現		紀元前 341年	マケドニア世界帝国へ
約5万年前に新人(ホモ・サピエンス)出現		紀元前 272年	ローマ, イタリア半島統一
紀元前1万年頃	氷河期が終わり日本列島も温暖化進む	紀元前 221年	秦の始皇帝, 中国統一
		紀元前 146年	貿易大国カルタゴ壊滅
紀元前8000年頃	西アジアで農耕文化(麦・豆)が始まる	紀元前 104年	シチリアで2度目の奴隷反乱
紀元前7500年頃	東アフリカで漁労社会現わる	紀元前 73年	スパルタクスの奴隷反乱
		紀元前 27年	ローマ帝政成立
紀元前6500年頃	西アジアで農耕牧畜文化が発達, 日本列島では内湾が発達し縄文人は貝類を食べる	紀元前 10年頃	ユダヤ教3派に分裂
		紀元	
紀元前6000年頃	メソポタミア南部で灌漑農業	25	後漢成立
紀元前5000年頃	メキシコのテワカン谷でトウモロコシ栽培	30	イエス・キリスト十字架磔刑
		220	魏成立
紀元前4500年頃	メソポタミア南部に都市出現	227	ササン朝ペルシャ帝国成立
紀元前4000年頃	アッサム地方(インド)から雲貴高原(中国)にかけて稲作始まる	239	邪馬台国の女王・卑弥呼に「親魏倭王」の金印
	アンデスの高地(ペルー)でリャマの飼育始まる	266	晋成立
		324	キリスト教ローマ帝国の時代に
	南ロシアで馬が家畜化	330＊	日本, 古墳時代に
紀元前3500年頃	ナイル川流域で灌漑農業, 共同体から部族国家へ	375	ゲルマン民族の大移動, 西ゴート族ドナウを渡る
		476	西ローマ帝国滅亡
紀元前2600年頃	エジプト古王国時代, ピラミッド建設	500＊	メキシコでテオティフカン文明の最盛期
		589	隋成立
紀元前2500年頃	インダス川流域に都市計画下の大文明形成	593	聖徳太子, 摂政に
		618	唐成立
紀元前1200年頃	フェニキア, 地中海交易で繁栄	645	大化の改新
		668	朝鮮半島で新羅3国統一
紀元前 800年頃	ギリシャ人の植民活動活発化	680	ウマイヤ朝, アラブ帝国統一

701	大宝律令成立，中央集権的国家体制へ	1156	保元の乱
710	平城京に遷都	1158	ボローニャ大学に学生自治権与えられる
749	アッバース朝成立(イラク)	1167	平清盛，太政大臣に就任
770	詩聖・杜甫没	1175	法然，浄土宗開く
780	中国，租庸調から両税法へ	1185	平家滅亡
781	フランク国王カール1世下のカロリング・ルネサンス始まる	1192	源頼朝，征夷大将軍に
		12世紀後半	インカ帝国の形成(ペルー)
793	中国で茶税法	1198	哲学者・医学者イブン・ルシュド没(モロッコ)
794	平安京へ遷都		
800	カール1世，西ローマ帝国の再建めざす	1211	チンギンス・ハーン，大遠征開始
804	最澄と空海，遣唐使として出発	1215	貴族の要求するマグナ・カルタ(大憲章)承認
830*	知恵の館(バイト・アルヒクマ)開設(イラク)		
		1227	チンギス・ハーン没
846	詩人・白居易没	1234	朝鮮で金属活字(鋳字)印刷
850*	西アフリカの黒人王国，ガーナ塩と金の交易で栄える	1253	日蓮，法華経を説く
		1257	ソルボンヌ学寮完成(フランス)
875	黄巣の乱(中国)	1263	浄土真宗開祖の親鸞没
918	朝鮮で高麗国建国	1265*	トマス・アクィナス『神学大全』執筆開始
932	中国で九経の木版印刷開始	1266	アルフォンソ10世『七部法典』(シエテ・パルティダス)完成
935	平将門の乱		
960	宋王朝成立	1271	フビライ・ハーン，元の大都に回天台設立
962	神聖ローマ帝国成立		
969	アズハル・モスク(イスラムの最高学府)開設(エジプト)	1273	ハプスブルク家登場(ドイツ)
		1274	マルコ・ポーロ，フビライ・ハーンに謁見
984	宋代の代表的類書『太平御覧』1000巻完成	1274	文永の役(モンゴル軍来襲)
1000	「神の平和」運動と巡礼	1282	シチリア島民の反乱
1010*	紫式部『源氏物語』完結へ	1298	マルコ・ポーロ『東方見聞録』祖述
1024	中国で世界最古の紙幣発行	1299	オスマン朝創設
1033	西ヨーロッパ終末の前兆におびえる	1308*	ダンテ・アリギエーリ『神曲・地獄編』完成
1037	イスラムの哲学者・医者イブン・シーナー没	1314	寒さと豪雨と大飢饉，ヨーロッパ全土に広がる
1041*	中国で活版印刷	1331	マジャパイト王国拡大(インドネシア)
1054	キリスト教がローマ・カトリックとギリシャ正教に分裂	1333	鎌倉幕府滅亡
		1339	百年戦争始まる(イギリスとフランス)
1066	ノルマンディー公ウィリアムがイングランド征服	1341	ポルトガルの船団カナリア諸島へ
		1348	ヨーロッパに黒死病大流行(3人に1人死亡)
1069	中国で王安石の新法政策		
1077	カノッサの屈辱	1350*	前期倭寇
1085	司馬光が歴史書『資治通鑑』全294巻完成	1351	農民反乱「紅巾の乱」(中国)
1096	十字軍の出発	1358	ジャックリーの乱(フランス)
1099	エルサレム王国建国	1368	朱元璋，漢民族国家(明)再興
1100*	フランドルやイタリアで都市コミューン形成	1374	桂冠詩人・人文主義者ペトラルカ没(イタリア)
1130*	詩人・就学者・天文学者ウマル・ハイヤーム没(イラン)	1377	イブン・ハルドゥーン『歴史序説』完成(アルジェリア)
1140*	イタリア沿岸諸市が東方との交易ルート制圧	1378	フィレンツェで毛織物労働者チオンピの民主政府発足
1150*	アンコール・ワット完成	1381	里甲制の実施(明朝の統制が農民に浸透)

年表　187

	ワット・タイラーの乱制圧，イングランド各地で反乱多発
1387	ジェフリー・チョーサー『カンタベリ物語』の初稿完成
1392	朝鮮国建国
1402	足利幕府と明との交易軌道に乗る
1405	明の鄭和，南海遠征
1420	ウルグ・ベクが天文台の建設(中央アジア)
1421	明朝，北京に遷都
1423	砂糖の専売制(エジプト)
1429	ジャンヌ・ダルク，イングランド軍撃退
1430*	アステカ王国，基礎固まる(メキシコ)
1433	中国で税金の銀納化
	鄭和，最後の遠征から帰る
1436	フィレンツェ大聖堂完成
1438	インカ帝国拡大
1447	グーテンベルク活版印刷開発
1453	ビザンティン帝国，1000年の歴史終わる
	百年戦争終わる
1455	イギリスでバラ戦争勃発
1467	応仁の乱
1470*	ベトナム最古の法典「洪徳刑律」編纂
1488	加賀一向宗の「門徒王国」
1492	マルティン・ベハイム「地球儀」作製
	10・12 クリストファー・コロンブス，バハマ諸島に到着
1493*	新大陸渡来の「梅毒」がヨーロッパで大流行，新大陸ではヨーロッパから持ち込まれた天然痘で破滅的被害
1498	ヴァスコ・ダ・ガマ，「インド航路」開拓
1497	レオナルド・ダ・ヴィンチ「最後の晩餐」完成
	15世紀末からイタリアでルネサンス起こる
1500	琉球諸島統一
	4・22 カブラルがブラジルを「発見」，ポルトガル領有を宣言
1508	イスパニオラ島のインディオ，スペイン支配下へ(さとうきび栽培)
1509	デジデリウス・エラスムス『痴愚神礼賛』執筆
1510	ポルトガル，インドのゴア占領
	インディオの人口激減でアフリカからの黒人奴隷輸入始まる(西インド諸島)
1511	ポルトガル，香料諸島に進出(マレーシア)
1513	マキアヴェリ『君主論』執筆開始
1516	5・30 ハプスブルグ家のカール，スペイン王位に就く(スペイン帝国の拡大)
	12 トーマス・モア『ユートピア』出版
1517	10 ポルトガル艦隊，広州に上陸
	10・31 マルティン・ルター，ドイツで宗教改革
1519	9・20 フエルナン・マゼラン，世界周航に出発
1521	8・13 コルテス軍アステカ帝国を滅ぼす(メキシコ)
1525	3・6 ドイツ農民戦争拡大
1527*	ポルトガルとスペイン，マルク諸島で抗争(インドネシア)
1529	9・27 オスマン帝国軍，ウィーン包囲
1533	6・24 フランシスコ・ピサロ，インカ帝国を滅ぼす
1534	医師フランソア・ラブレー『ガルガンチュア』刊行
1536	ジャン・カルヴァン『キリスト教綱要』出版
1539*	『水滸伝』刊行(中国)
1543	3・21 コペルニクス，地動説を発表
	9・23 日本に鉄砲伝来
1545	スペイン人，ポトシで銀山発見(ボリビア)
	ヨーロッパの疫病がメキシコで大流行
1548	ビルマ・タイ戦争始まる
1549	8・15 フランシスコ・ザビエル，布教活動のため鹿児島に上陸
1555	9・25 アウクスブルク宗教和議(ドイツ)
1558	財政顧問トマス・グレシャム，エリザベス1世の経済政策に参画
1559	国教会確立
1561	9・10 4度目の川中島の闘い(武田信玄と上杉謙信)
1562	3・1 ユグノー戦争始まる(フランス)
1568	5 オランダの独立戦争始まる
	10・16 織田信長，足利義昭を奉じ入京
1569	ゲラルドゥス・メルカトル，世界地図刊行
1571	10・7 キリスト教国連合，オスマン艦隊に圧勝
1575	6・29 信長・家康連合軍，長篠で武田軍撃破
1578	李時珍『本草綱目』完成(中国)
1580	9・11 スペイン王フェリペ2世，ポルトガル王となりスペイン大帝国へ
1581	7・26 ネーデルラント北部7州独立宣言
1582	6・2 本能寺の変(織田信長没)

	10・15 ユリウス暦からグレゴリオ暦へ		発表
1583	8・28 豊臣秀吉, 大坂城の築城開始	1630	ピューリタン植民者の本拠地, ボストンに建設
1585	7・11 豊臣秀吉, 関白に就任	1633	6・22 ガリレオ・ガリレイ「それでも地球は動いている……」(地動説)
1588	8・8 スペイン無敵艦隊, イギリス軍に大敗	1636	オランダでチューリップ恐慌
1590	7・28 天正少年遣欧使節8年ぶりに帰国		ハーヴァード・カレッジ設立
1592	4・12 第一次朝鮮出兵(文禄の役)	1637	デカルト『方法序説』刊行
1595	ムガム帝国の拡大(インド)	1638	4・12 島原の乱終わる
1597	4・7 第二次朝鮮出兵(慶長の役)	1642	1・14 イギリスでピューリタン革命始まる
1600	1 イギリス, 東インド会社設立	1644	4・25 明朝滅亡
	10・21 関が原の戦いで東軍勝利(徳川時代へ)	1645	6・24 オリヴァー・クロムウェル, 議会軍を勝利に導く
1602	3・20 オランダ, 東インド会社(世界初の株式会社)設立	1648	ウェストファリア条約締結, 独・仏など, 30年戦争終結のため
1603	3・24 江戸幕府開く		8・26 フロンドの乱(パリ)
1604	フランス, 東インド会社設立	1649	2・9 ピューリタン革命頂点へ
	顧憲成, 東林書院設立(政治批判の拠点)	1651	トマス・ホッブス『リヴァイアサン』刊行
1605	フランシスコ・ベーコン『学問の前進』出版		10 英蘭戦争
	ミゲル・デ・セルバンテス『ドン・キホーテ』出版	1653	12・26 クロムウェル, 護国卿に(軍の独裁政権)
	万人の平等を説くシク教の総本山完成(インド)	1657	3・2 江戸, 明暦の大火(死者約10万人, 6割焼失)
1606	江戸城大修築	1660	6・8 イギリス, 王政復古
1607	3・8 直江兼続『文選』60巻31冊刊行	1661	3・10 フランス, ルイ14世の親政(絶対王政の最盛期)
	6・29 朝鮮使節団江戸城に入る(日朝国交回復)	1662	7・25 ロイヤル・ソサエティ(王立協会)創設
1609	ヨハネス・ケプラー『新天文学』刊行	1664	9・8 イギリス, ニューアムステルダム奪取(ニューヨークと改名)
	フーゴー・グロティウス『海洋自由論』刊行	1665	コルベール, 財務総監に就任(重商主義政策を展開)
	アムステルダム銀行創設	1666	ニュートン, 万有引力の法則を構想
	4・9 オランダ, 事実上の独立(ハーグ休戦条約)		9・15 ロンドンで大火, 市の大半が灰燼
	5・8 薩摩軍, 首里城攻略(琉球, 幕藩体制下へ)	1667	6・22 第二次英蘭戦争でオランダ優勢に
1612	幕府, キリスト教禁止令を発す		8・20 ジョン・ミルトン『失楽園』出版
	デンマーク, 東インド会社設立	1670	パスカルの遺作『パンセ』出版
1613	支倉常長らスペインへ出帆	1672	東西両航路の整備(日本)
1614	11・15 大坂冬の陣	1674	関孝和『発微算法』刊行
1615	6・4 大坂夏の陣(豊臣家滅亡)	1675	グリニッジ天文台創設
1616	5・3 シェークスピア没	1678	オランダの物理学者クリスティアン・ホイヘンス, 光の波動説を発表
1618	5・23 30年戦争始まる		対馬藩の朝鮮貿易栄える
1620	11・19 メイフラワー号コット岬に到着, ピルグリム(分離派教徒)信仰の自由を求めて	1680	11・25 イギリス2大政党対立へ(ホイッグとトーリー)
1621*	オランダ, 世界制覇	1681	12・7 清朝, 中国統一
1627	吉田光由『塵劫記』刊行	1682	ウィリアム・ペン,「兄弟愛の町」フィラ
1628	ウィリアム・ハーヴェー, 血液循環説を		

年表 189

	デルフィアを建設	1748	モンテスキュー『法の精神』完成
1683	7・14 オスマン帝国軍，再度ウィーンを包囲	1751	『百科全書』第1巻刊行
1684	ヨーロッパに大寒波襲来	1755	11・1 首都リスボンの大地震，死者1万人以上
1686	大坂(阪)に町人文学誕生，井原西鶴の浮世草子ブーム	1756	8・29 七年戦争勃発
1688	12・29 無血の名誉革命（以後，反仏同盟が成立）	1758	フランソア・ケネー『経済表』発表
1689	5・16 松尾芭蕉，奥の細道へ出発	1762	7・9 エカテリーナの宮廷革命 ジャン・ジャック・ルソー『社会契約論』『エミール』出版
	9・7 ネルチンスク条約締結(ロシアと清)	1763	2・15 七年戦争終結，プロイセン勝利
1690	思想家ジョン・ロック『統治二論』刊行	1764	ハーグリーヴス「ジェニー紡績機」発明，産業革命の始まり
1690*	ロンドンでコーヒー・ハウス大流行 ウィリアム・ペティ『政治算術』出版		10・22 インド連合軍，イギリス東インド会社軍に大敗
1694	イングランド銀行設立 北米植民地をめぐる英仏抗争激化 ブラジルのミナス地方で金鉱発見	1768	9・25 第一次ロシア・トルコ戦争始まる
		1769	ベンガル地方の大飢饉，死者1000万人 チュルゴー『富の形成と分配にかんする諸考察』出版
1697	モンゴルは清の支配下に	1770	3・5 ボストン虐殺事件起こる
1698	ロシア皇帝ピョートル1世，西欧化を推進	1771	ベトナムで農民の反政府運動始まる
1700	11・1 スペイン継承戦争始まる 11・30 北方戦争勃発(フィンランド)	1774	ゲーテ『若きヴェルテルの悩み』刊行 『解体新書』刊行 ワットの蒸気機関発売
1701	ヘンリー・マーチン『東インド貿易の諸考察』を匿名で出版	1775	4・19 アメリカ独立戦争始まる
1703	6・20 近松門左衛門の世話浄瑠璃「曾根崎心中」初演	1776	トマス・ペイン『コモン・センス』(パンフレット)出版 アダム・スミス『諸国民の富』刊行 7・4 大陸会議，アメリカ独立宣言採択
1705	バーナード・マンデヴィル『うなる蜂の巣』出版		
1713	4・11 ユトレヒト条約締結（イギリスの国際的地位向上）	1781	5・18 インディオの反乱指導者(トゥパック・アマル―)処刑される 10・19 アメリカ独立戦争，事実上終わる
1716	『康熙字典』完成 中国広東省で地丁銀制を実施 徳川吉宗の享保の改革	1782	中国文化の集大成『四庫全書』完成
		1783	8・5 浅間山大噴火
		1787	松平定信の寛政の改革
1719	ダニエル・デフォー『ロビンソン・クルーソー』刊行	1788	カント『実践理性批判』刊行 イギリスの流刑船団オーストラリアへ
1720	イギリス南海会社のバブル崩壊	1789	4・30 ワシントン米初代大統領就任 7・14 フランス大革命始まる 8・26 憲法制定国民議会，人権宣言を採択
1726	スウィフト『ガリバー旅行記』出版		
1725	ヴィヴァルディ「四季」発表		
1727	キャフタ条約締結(ロシアと清)		
1732	プロイセンで徴兵制度確立	1791	8・14 カリブ海で奴隷の反乱 12・5 アマデウス・モーツァルト没
1735	カール・リンネ『自然の体系』刊行 青木昆陽『蕃薯考』刊行 10・18 乾隆帝即位，清帝国の繁栄頂点へ	1792	メアリ・ウルストンクラフト『女性の権利の擁護』刊行 4・2 アメリカで貨幣法成立(ドル金貨・銀貨の鋳造) 8・10 フランス議会，王政の廃止を宣言 10・18 ロシアの修好使，大黒屋光太夫を
1738	11 ウィーン条約締結（ポーランド継承戦争終結）		
1740	10・20 オーストリア継承戦争始まる		
1742	ペルーのインディオ，スペインの支配に反旗		

	連れて根室に来航
1793	9 革命フランスに対するヨーロッパ包囲網完成
	10・28 イーライ・ホイットニー，綿繰り機を開発
1794	7・28 国民公会議長ロベスピエール処刑
1795	4・7 メートル法制定（フランス）
	10・24 ポーランド国家消滅
	10・26 フランス，共和制憲法下で総裁政府へ
1796	2・19 中国で白蓮教徒の反乱
	5・14 ジェンナー，種痘を開始
	11・17 ナポレオン・ボナパルト，イタリア遠征で大勝利
1798	トマス・マルサス『人口論』刊行
1799	11・9 ナポレオンのクーデター
1800	イタリアの物理学者アレッサン・ヴァリタ，電池を発明
1802	6 グエン朝（越南）創始（ベトナム）
	8・2 ナポレオン終身大統領に
1803	ジョン・ドルトン，原子量の算定方法確立
	3・21 フランスで民法法典成立
	8・9 蒸気船の実験成功（セーヌ川）
	12・2 皇帝ナポレオン戴冠
1806	神聖ローマ帝国消滅
1807	3・23 イギリス議会，黒人奴隷貿易廃止を決議
1808	シャルル・フーリエ『四運動および一般運命の理論』出版
	5・2 マドリードで反ナポレオン民衆蜂起
1809	10・8 メッテルニヒ外相に（オーストリア）
1812	グリム兄弟『グリム童話集』刊行
	ナポレオン1世，ロシア遠征に失敗
1813	諸国民解放戦争，ナポレオン体制崩壊へ
1815	6・9 ウィーン会議集結，復古体制をめざす
1818	5・17 日本の近代地図の基礎をつくった伊能忠敬没
1819	8・16 ピータールーの虐殺（イギリス）
1821	3・8 ギリシャ独立戦争始まる
1823	12・2 アメリカ，モンロー主義表明
1824	5・7 ベートーヴェン『第9交響曲』初演
1825	周期的過剰生産恐慌起こる
	ロバート・オーエン，アメリカでコミュニティ（ニューハーモニー村）建設
	ロシアでデカブリストの乱
1828	化学者フリードリッヒ・ベーラー，尿素の合成に成功
1829	カール・フォン・クラウゼヴィッツ，総力戦の戦争理論樹立
	4・13 イギリス議会，カトリック教徒解放法制定
1830	7・29 パリで7月革命勃発（王政へ）
	9・15 マンチェスターとリヴァプールが鉄道で結ばれる（交通革命の到来）
1831*	アヘン密輸で銀流出（中国）
	8・2 黒人奴隷ターナー奴隷反乱起こす（アメリカ）
	11・14 フリードリッヒ・ヘーゲル没
	12・5 リヨンの絹織物工が蜂起
1832	6・7 イギリス第一次選挙法改正，商工業階級も参政権
1834	1・1 ドイツ関税同盟発足
	6・21 サイラス・マコーミック，小麦の自動刈取機発明
	8・1 イギリスが奴隷制廃止
1835*	ボーア人新天地へ
1836	3・2 テキサスがメキシコから独立宣言
1837	3・25 大崎平八郎の乱
	9・4 サミュエル・モース，モールス符号開発
1838	5・8 労働者にも選挙権を！ チャーチスト運動始まる
1839	8・19 フランス政府が銀盤写真の方法を公表
1840	5・1 イギリスで近代的郵便制度開始
	6・28 アヘン戦争始まる
1841	天保の改革（綱紀粛正，奢侈禁止）
1842	8・10 イギリス鉱山法成立（女性と10歳未満児童の鉱山労働の禁止）
	8・14 第二次セミノール戦争終結（フロリダのインディアンと和平）
	8・29 南京条約締結
1844	12・21 ロンドンでYMCA設立
1845	アイルランドでじゃがいも飢饉，3年間で100万人以上死亡
1846	ジュール・ミシュレ『民衆』出版
	5・13 領土拡張のためアメリカ，メキシコに宣戦
	5・26 穀物法廃止
1847	ヨーロッパに経済危機続く
1848	ヨーロッパに1848年革命吹き荒れる（近代の転換点に）

	2　カール・マルクス＝フリードリッヒ・エンゲルス『共産党宣言』発表
	2・24　パリで2月革命勃発，第二共和国政府成立，男子普通選挙実現
	6・23　パリの労働者蜂起
1849	カリフォルニアでゴールド・ラッシュ
	キルケゴール『死にいたる病』刊行
1850	5・28　ドーバーとカレー間に海底ケーブル敷設(通信革命の到来)
	11　太平天国運動起こる(中国)
1851	5・1　ロンドンで第1回万国博覧会
1852	12・2　ルイ・ナポレオン大統領，皇帝に(第二帝政)
1853	3・29　太平天国軍が南京入城，軍事共産主義をめざす
	7・8　ペリー率いるアメリカ艦隊が浦賀に来航
	10・16　クリミア戦争勃発
1854	3・31　日米和親条約締結
1855	5・15　パリ万国博覧会
	9・10　クリミア戦争終結，ロシア敗北
1856	ヘンリ・ベッセマー転炉式製鋼法発見
1857	1　第二次アヘン戦争始まる
	6・17　日米下田条約締結
	8・28　初の世界恐慌勃発
1858	11・1　ムガル帝国滅亡，東インド会社解散，イギリスによるインドの直接統治
1859	メキシコ内戦続く
	2・18　フランス軍，サイゴンを占領(ベトナムの植民地化始まる)
	8・28　機械掘りによる原油掘削成功
	11・30　チャールズ・ダーウィン『種の起源』出版
1860	3・24　桜田門外の変
	11・6　リンカーン米大統領に就任
1861	3・3　アレクサンドル2世，農奴解放宣言
	3・17　イタリア王国成立
	4・12　アメリカ南北戦争勃発
1862	9・14　生麦事件起こる
	9・24　ドイツ，ビスマルクが首相に就任
1863	1・1　リンカーン米大統領，奴隷解放宣言令に署名
	1・10　ロンドンに世界初の地下鉄開通
1864	7・19　太平天国滅亡
	8・22　国際赤十字条約成立
	9・5　長州藩，連合艦隊に降伏
	10・5　第一インターナショナル結成

1865	メンデル，遺伝子の法則発見
	4・9　アメリカ南北戦争終結(北軍勝利)
	4・15　リンカーン暗殺される
1866	アルフレッド・ノーベル，高性能爆薬ダイナマイトを製造
	7・27　大西洋海底ケーブル敷設(欧米間を電気通信)
	8・23　プロイセン・オーストリア戦争決着(プロイセンを盟主とするドイツ統一へ)
1867	カール・マルクス『資本論』(第1巻)刊行
	「レクラム文庫」創刊
	11・9　徳川慶喜が大政奉還(明治維新へ)
1868	1・27　戊辰戦争勃発
	12・3　自由党のグラッドストン大勝(自由主義の黄金時代に)
1869	トルストイ『戦争と平和』完結
	ジョン・スチュアート・ミル『女性の隷従』出版
	5・10　大陸横断鉄道完成(アメリカ)
	11・17　スエズ運河開通
1870	アジアに海底ケーブル，世界の通信網確立
	9・2　ナポレオン2世，プロイセンに降伏(第二帝政から共和制へ)
1871	近代サッカー始まる
	スタンレー・ジェヴォンズ『経済学の理論』出版
	カール・メンガー『国民経済学原理』出版
	3・28　パリ・コミューン成立
1872	マリオ戦争終結(ニュージーランドが完全なイギリス植民地に)
1873	ドイツで金融恐慌
1874	ファイロ・レミントン，タイプライター実用化
	レオン・ワルラス『純粋経済学要論』出版始まる
	5・22　日本軍台湾出兵
	10・9　バンコク郵便連合条約締結
1875	5・22　ドイツ社会主義労働者党，「ゴータ綱領」採択
1876	グラハム・ベル，電話発明
	2・2　日朝修好条規締結(朝鮮に開国強要)
	6・25　アメリカ，第7騎兵隊，インディアン連合軍に包囲され全滅(合衆国は残忍な報復戦争に走る)
1877	4・24　露土戦争勃発

	9・24 西南戦争終わる		7・14 ドイツの鉄鋼王アルフレート・クルップ没
1878	10・19 ビスマルクが社会主義鎮圧法制定(ドイツ)		10・17 仏領インドシナ連邦成立
1879	アンリ・ファーブル『昆虫記』第1巻出版	1889	2・11 大日本帝国憲法発布
	4・5 硝石資源をめぐり太平洋戦争起こる(チリ対ペルー・ボリビア)		4・22 インディアン居住地オクラホマに白人入植者殺到
1880	ドストエフスキー『カラマゾーフの兄弟』完結		10・2 第1回パン・アメリカ会議(ワシントン)
1881	6・29 ジハード(聖戦)始まる(マフディー軍, エジプト軍を撃退)	1890	アルフレッド・マーシャル『経済学原理』出版
1882	ジョン・ロックフェラー, スタンダード・オイル・トラスト結成, トスト糾弾の世論起こる		5・1 第1回メーデー(8時間労働を求める)
	3・24 ロベルト・コッホ, 結核の細菌感染説発表		7・2 反トラストのシャーマン法成立
	5・20 ドイツ・オーストリア・イタリア3国同盟成立	1891	10・14 ドイツ社会民主党, エルフルト綱領採択(マルクス主義に立脚)
	7・23 ソウルで壬午軍の乱起こる	1893	1・13 イギリスで独立労働党結成
1883	3・14 カール・マルクス没		5 ドヴォルザーク, 交響曲「新世界」初演
	8・25 フエ条約締結(ベトナム全土がフランスの支配下に)		9・19 ニュージーランドで世界初の女性参政権制定
	8・26 クラカタウ島で大噴火, 火山島全体が海底に沈む(インドネシア)	1894	マルクス『資本論第3巻』出版(エンゲルス編)
1884	ハイラム・マクシム, 機関銃を開発		8・1 日清戦争始まる
	1・4 フェビアン協会結成		11 孫文, ホノルルで革命団体興中会を結成
	6・23 清仏戦争勃発(ベトナムの宗主権をめぐって)	1895	5・2 康有為の変法運動始まる(中国)
	11・15 ベルリン会議(アフリカ分割劇の開始)		ヴィルヘルム・レントゲン, X線を発見
1885	フリードリヒ・ニーチェ『ツァラストゥストラはかく語りき』脱稿	1896	4・6 近代オリンピック開催(アテネ)
	マルクス『資本論第2巻』出版(エンゲルス編)		12・30 フィリピンの民族的英雄ホセ・リサール処刑
	4・18 日清天津条約締結	1897	8・29 第1回シオニスト会議(スイス)
	11 ガソリンエンジン車製作(ダイムラーとベンツ)	1898	グリエルモ・マルコーニ, 英仏間無線通信に成功
	12・22 ドイツ帝政を範とした内閣制度創設(第一次伊藤博文内閣)		2・15 米西戦争勃発
	12・28 インド国民会議第1回大会開催		3 ヨーロッパ列強, 中国で租借地と利権獲得競争に狂奔
1886	8・16 教派を超越したラーマ・クリシュナガ没(インド)		9・21 西太后の戊戌の政変
	9・20 南アフリカで世界最大の金鉱脈発見		マリー・キューリー, 新元素ラジウム発見
	12・8 米労働総同盟誕生(労使協調路線)	1899	エドアルド・ベルンシュタイン『社会主義の前提と社会民主党の任務』出版
1887	アルバート・ナイケルソンとエドワード・モーリー, 光速度の測定成功		カール・カウツキー『農業問題』出版
	セシル・ローズ, 南アフリカのダイヤモンド鉱区独占		不平等条約撤廃(日本)
			5・18 第1回国際平和会議開催
			10・12 ボーア戦争始まる
		1900	大倉喜八郎, 大倉商業学校設立
			6・10 義和団の蜂起, 8ヵ国連合軍北京入城

年表 193

1901	ジークムンド・フロイト『夢判断』出版
	カーシム・アミーン『新しき女性』出版
	1・1 オーストラリア連邦成立（イギリス帝国内の自治領）
	9・7 北京議定書締結（中国半植民地化）
	12・10 第1回ノーベル賞
1902	1・30 日英同盟結成
	12・10 アスワン・ダム完成（エジプト）
1903	8・23 ロシア社会民主党第2回大会でレーニン多数派となる
	10・10 女性社会政治同盟結成（イギリス）
	12・17 ライト兄弟、人類初の動力飛行に成功
1904	2・8 日露戦争始まる
	7・21 シベリア鉄道開通
1905	1・22 血の日曜日事件発生、第一次ロシア革命へ
	9 アルバート・アインシュタイン、「特殊相対性理論」発表
	12・11 イラン立憲革命始まる
1906	4・18 サンフランシスコ大地震、死者1000人以上
	11・26 南満州鉄道株式会社（満鉄）設立
	12・30 インドでムスリム連盟結成、国民会議派に対抗
1907	8・31 三国協商成立（三国同盟に対抗）
1908	4・28 日本のブラジル移民始まる
	10・1 大衆車「フォードT型」誕生
	10・6 オーストリア、ボスニア・ヘルツェゴビナ併合
1909	4 アングロ・ペルシアン石油会社設立
	4・6 ロバート・ピアリー、北極点に到達
1910	ルドルフ・ヒルファディング『金融資本論』出版
	5・19 ハリー彗星大接近
	5・31 南アフリカ連邦成立
	8・22 日本が大韓帝国併合（李王朝500年の終わり）
1911	フレデリック・テーラー、「科学的管理法」発表
	10・10 辛亥革命起こる（中国）
	12・14 ロアルド・アムゼン、南極点に到達
1912	1・6 アルフレート・ヴェーゲナー、「大陸移動説」発表
	4・15 豪華客船タイタニック号沈没
	10・17 第一次バルカン戦争
1914	7・28 第一次世界大戦勃発（人類初の総力戦に）
	7・31 反戦のシンボルたるジャン・ジョレス暗殺（フランス）
	8・15 パナマ運河開通
1915	1・18 日本、中国に「21箇条要求」
	9・5 国際社会主義者会議、戦争の即時終結を主張
	9・15 陳独秀ら『青年雑誌』創刊（中国）
1916	4・24 アイルランド急進派の蜂起
	6・5 メディナでアラブの反乱始まる
1917	レーニン『帝国主義論』出版
	3・15 ロシア2月革命起こる（ロマノフ王朝300年の歴史終わる）
	4・6 第一次世界大戦にアメリカ参戦
	11・7 ロシア10月革命成功、ソビエト政権誕生
	イギリス、パレスチナ問題で三重外交（ユダヤ人の国家建設にも支持）
1918	1・8 ウィルソン米大統領、「14か条」発表
	1・31 ロシア社会主義連邦共和国（ソ連）成立
	3・3 ブレスト・リトフスク講和条約
	5 魯迅『狂人日記』発表
	6・26 レオン・トロツキー、ソ連赤軍を指揮
	8・12 日本シベリア出兵
	10 スペイン風邪猛威、世界で2000万人以上死亡
	11・9 皇帝ウィルヘム2世退位、ドイツ帝国に革命の嵐
	11・11 ドイツ休戦協定に調印
1919	1 ドイツ、スパルタクス団の蜂起鎮圧される
	2・19 パン・アフリカ会議開催、自治の要求
	3・6 コミンテルン創設
	4・13 アムリッツァル虐殺事件勃発、ガンジー非暴力でイギリスに抵抗
	5・4 五・四運動起こる（中国）
	6・28 ヴェルサイユ講和条約調印
	7・31 ドイツ、ワイマール憲法採択
1920	3・19 アメリカ上院、国際連盟加入拒否
	8・26 アメリカで女性参政権獲得
1921	BCGとインシュリン実用化へ
	3・16 ロシア共産党、新経済政策（ネップ）採用

	7・1	中国共産党、秘密裏に結成される	1933	1・30 ドイツ、ヒトラー政権誕生
1922	2・6	ワシントン軍縮会議終わる		3・4 フランクリン・ローズベルト米大統領、ニューディール政策を展開
	9・1	東京大地震、罹災総数340万人	1934	10・15 中国共産党「長征」開始
	9・9	トルコ革命		12 ソ連、スターリンの大粛正始まる
	9・13	スペインで軍事独裁政権成立	1935	6・14 ボリビア・パラグアイ間のチャコ戦争終わる
	10・30	ベニート・ムッソリーニ政権獲得（イタリア）	1936	5・3 フランス人民戦線、総選挙で圧勝
	11・15	ドイツでレンテンマルク発行（超インフレ対策）		6・21 マーガレット・ミッチェル『風と共に去りぬ』超ベストセラー
1924	1・21	レーニン没（遺書を残す）		7・17 スペイン内乱始まる
	1・22	イギリス初の労働党内閣誕生	1937	7・7 蘆溝橋事件勃発、日中全面戦争に突入
	1・30	中国、国共合作成立		11・6 日独防共協定にイタリア参加
	5・26	アメリカ大統領、新排日移民法に署名		12 日本軍による南京大虐殺事件発生
	6・3	モンゴル人民共和国成立	1938	3・14 ドイツがオーストリア併合
1925	1・26	トロツキー軍事人民委員解任、スターリン独裁へ	1939	3・15 チェコスロバキア共和国解体
	4・22	日本、治安維持法公布		8・20 ノモハンでソ連軍大攻勢、関東軍壊滅状態へ
	10・16	ロカルノ条約調印（集団安全保障体制へ）		8・23 モスクワで独ソ不可侵条約締結
1926	昭和の金融恐慌			9 日本による朝鮮人の強行連行始まる
	5・12	ポーランドでクーデター発生		9・1 第二次世界大戦勃発、ドイツ軍ポーランド急襲
	7・9	中国国民党、北伐開始	1940	1・19 毛沢東『新民主主義論』発表
1927	ヴェルナー・ハイゼン、「不確定性原理」発表			8・20 亡命中のトロツキー暗殺
	5・21	チャールズ・リンドバーグ、大西洋横断無着陸単独飛行に成功	1941	5・19 ベトナムで民族解放組織ベトミン結成
	5・28	日本、第一次山東半島出兵		8・1 アメリカ、日本への石油輸出全面禁止
	7・4	インドネシアの民族運動大同団結		10・18 東条英機内閣成立（事実上の軍部独裁政権）
1928	ソ連第一次5ヵ年計画開始			12・7 日本海軍、ハワイ真珠湾を奇襲（太平洋戦争に突入）
	6・4	奉天事件（張作霖爆殺）起こる	1942	1・20 ヴァンゼー会議、ユダヤ人大量虐殺へ
	9・30	アレクサンダー・フレミング、ペニシリン発見		2・19 アメリカ日系人収容所へ
1929	10・24	世界大恐慌勃発（暗黒の木曜日）		3・10 日本軍ジャワ島バンドンに入城、3ヵ月で東南アジアを占領
1930	1・28	スターリン農業集団化を強行、「反革命的農民」を収容所に		6・5 ミッドウェー海戦で日本軍大敗北
	3・12	ガンジー「塩の行進」、インドの完全独立をめざして	1943	9・3 イタリア、無条件降伏
	4・22	ロンドン海軍軍縮会議		11・22 米英中3ヵ国首脳カイロ宣言
1931	5・11	金融恐慌全ヨーロッパを襲う（オーストリア最大の銀行倒産）	1944	6・6 連合国軍ノルマンディー上陸作戦
	6・20	フーヴァー米大統領、モラトリアムを提案		7 ブレトン・ウッズ会議、翌年、IMF（国際通貨基金）成立
	9・18	満州事変勃発（日中15年戦争へ）	1945	2・4 米英ソのヤルタ会談
	11・7	中国共産党、ソビエト政府樹立（毛沢東初代主席に）		3 米B29、東京・大阪・名古屋など全国を大空襲
1932	3・1	中国東北部に「満州国」建国		4・1 アメリカ軍、沖縄上陸作戦を開始、
	7・30	ドイツ、ナチ党第一党		

年表　195

	県民の4人に1人が犠牲に		
	5・7 ナチス・ドイツ,無条件降伏	1956	2・25 ソ連共産党書記長フルシチョフ,スターリン批判の演説
	7・17 米英ソ3ヵ国首脳ポツダム会談		7・26 スエズ運河国有化
	7・26 ポツダム宣言で日本に無条件降伏を促す		10・19 日ソ共同宣言
	8・6 アメリカ,広島に原爆投下		10・23 ハンガリーで暴動
	8・8 ソ連,対日宣戦布告,中国東北部・朝鮮に侵攻	1957	10・4 ソ連,人工衛星スプートニク宇宙に
	8・9 アメリカ,長崎に原爆投下	1958	12 アメリカTI社がIC開発
	8・14 日本,ポツダム宣言受諾を決定	1959	北海ガス・油田開発始まる
	8・15 日本敗戦(第二次世界大戦終わる)		1・1 フィデル・カストロ,キューバ革命に成功
	9・2 日本,降伏文書に調印	1960	アフリカで植民地独立ラッシュ,安保条約改定反対の国民運動起こる
	9・2 ベトナム民主共和国誕生(ホーチー・ミンが主席に)		1・19 日米新安保条約調印
	11・6 財閥解体始まる		4 第一次中ソ論争始まる
	12・17 婦人参政権実現		6・20 岸内閣,新日米安保条約を強行採決
	12・22 労働組合法公布		7・15 岸内閣総辞職(池田内閣へ)
1946	2・15 世界初のコンピューター完成(アメリカ)	1961	8・13 「ベルリンの壁」東西を分断
	5・3 極東軍事裁判開く	1962	10・22 キューバ危機発生,全面核戦争の瀬戸際に
	10 農地改革始まる	1963	5・25 アフリカ統一機構創設
1947	5・3 日本国憲法施行		11・22 ジョン・F・ケネディ米大統領暗殺
	6・5 アメリカ,マーシャル・プラン提唱	1964	5・28 PLO(パレスチナ解放機構)創設
	8・15 インド独立		10 東京オリンピック開催
1948	1・1 GATT(関税と貿易に関する一般協定)発足	1965	第二次高度成長始まる
	1・30 インド独立の父ガンジー暗殺		2・7 アメリカ軍北爆開始,ベトナム戦争がエスカレート
1949	ドッジ・ライン実施,1ドル=360円		6・22 日韓基本条約調印,両国で反対運動盛り上がる
	10・1 中華人民共和国成立	1966	8 中国,文化大革命始まる
	11・2 インドネシア連邦共和国,独立達成	1967	6・5 第三次中東戦争勃発
1950	日本労働組合総評議会(総評)成立	1968	イタイイタイ病と水俣病が「公害病」と認定される,全国で学園闘争が高揚
	6・25 朝鮮戦争勃発		5 パリ5月革命,学生たちが管理社会に異議申し立て
1951	3・4 第1回アジア競技大会(11ヵ国参加)		8 プラハの春
1951	9・8 サンフランシスコ講和条約調印,日米安全保障条約締結	1969	7・20 アポロ11号月面着陸成功
1952	7・19 第15回オリンピック(ヘルシンキ)に日本参加	1970	公害が全国に拡大
1953	ワトソンとクリック,遺伝子DNAの二重らせん構造発見		7 スタグフレーション下の景気後退
	3・5 スターリン没	1971	8・15 米大統領ニクソン,新経済政策「金・ドル交換停止」表明,その後の世界経済に重大な影響を与える
1954	3・1 第五福竜丸,太平洋上で米核実験の死の灰を浴びる	1972	ローマ・クラブ「成長の限界」で警告,物的豊かさよりも充足感を
1955	55年体制成立(保守対革新),第一次高度経済成長開始		2・21 ニクソン大統領訪中,米中関係正常化
	4・18 アジア・アフリカ会議開催		9・29 日中共同声明調印,日本は「過去

	を反省		10・31 インド,インディラ・ガンジー首相暗殺
1973	5・17 西アフリカで大干魃,1000万人飢餓の危機	1985	3・11 ソ連共産党ゴルバチョフ書記長,ペレストロイカを開始
	9・11 チリ人民連合政権崩壊		3・17 つくば科学万博開幕
	10・6 第四次中東戦争勃発		9・22 G5,プラザ合意(協調的ドル切り下げ)
	10 第一次石油危機始まる(狂乱的物価騰貴)	1986	2・25 フィリピンでピープル・パワー革命(アキノ夫人,大統領に)
1974	9・12 エチオピアで革命軍事政権誕生(世界最古の王室終わる)		4・26 ソ連,チェルノブイリ原発爆発
1975	4・17 カンボジアのプノンペン陥落,クメール・ルージュ成立	1987	10・19 ニューヨーク株価大暴落(ブラック・マンデー)
	4・30 南ベトナム解放戦線軍,サイゴンに無血入城(ベトナム戦争終結)	1988	4・14 ソ連軍アフガニスタンから撤退
	10・7「排他的経済水域」200カイリ時代到来		8・20 イラン・イラク戦争終結
			12・13 アンゴラ内戦終結
1976	1・8 中国,周恩来総理没		12・24 竹下内閣,消費税を導入(3%)
	7・20 アメリカの宇宙船ヴァイキング1号火星に到着	1989	1・7 昭和天皇没(昭和から平成に)
	7・27 田中角栄前首相逮捕(ロッキード事件)		6・4 中国,天安門事件起こる
	7・28 中国,唐山大地震で死者4万人以上(中国)	1990	1・5 東京証券取引所大暴落(バブルの崩壊始まる)
	9・9 中国,毛沢東主席没		3・21 アフリカ最後の植民地ナミビア独立
1978	7・25 世界初の試験管ベビー誕生(イギリス)		10・3 ベルリンの壁崩壊,統一ドイツ誕生
	12 第二次石油危機始まる	1991	1・17 湾岸戦争勃発
1979	2 日本語のワープロ発売		6・12 ピナトゥボ火山,今世紀最大の大噴火
	2・1 イランで革命		8・19 ソ連邦解体(冷戦体制終わる)
	2・17 中国軍,ベトナム侵攻	1992	2・7 EC加盟国マーストリヒト条約に調印,欧州連合(EU)結成へ
	3・28 アメリカ,スリーマイルズ島原発事故発生		6・3 地球サミット開催(リオ)
	5・3 イギリス,サッチャー政権誕生(新保守主義の登場)		8・24 中韓が国交樹立
	8・11 中国「ひとりっ子」政策を打ちだす	1993	7・18 55年体制崩壊,細川連立政権発足
	12・27 ソ連,アフガニスタンに軍事介入	1994	各地で記録的猛暑,水不足が深刻化,移動電話急成長,ゲーム業界の売上げ伸長
1980	1・13 ドイツで「緑の党」創立		6・10 天皇・皇后訪米
	9・6 ポーランドで「連帯」発足		6・22 円相場上昇,1ドル=100円を突破
	9・22 イラン・イラク戦争はじまる		6・30 村山内閣成立(自民党,政権に復帰)
1981	3・2 中国残留日本人孤児,初来日	1995	第一次金融危機発生,オウム真理教事件,官官接待の実体露見,日本に対する戦後補償問題起こる
	6 エイズ症例報告(アメリカ)		
1982	4・2 フォークランド紛争勃発(アルゼンチンとイギリスの領有権争い)		1・1 GATT,WTO(世界貿易機関)に改組
	6・12 核兵器凍結を求めて100万人が反戦デモ(ニューヨーク)		1・17 阪神淡路大震災発生
	日本の教科書検定が国際問題化		3・20 地下鉄サリン事件起こる
1983	2・23 西ドイツ政府,酸性雨対策発表		4・17 アメリカ,オクラホマ連邦ビル爆
1984	1・19 アフリカで1億5000万人が飢餓の危機		

	破テロ起こる
1996	O157食中毒多発，自治体の公費不正支出続発，インターネット人気加速，地方都市の商店街空洞化進む
	1・5 村山首相退陣表明
	3・14 薬害エイズ裁判でミドリ十字が責任認めて謝罪
	4・1 東京三菱銀行発足
	9・28 民主党結成
1997	第二次金融危機発生，不登校小中学生10万人超える
	4・1 消費税5％に
	7・1 イギリス，中国に香港返還（一国二制度）
	7・2 タイ政府バーツの変動相場制導入，アジア通貨危機始まる
	11 北海道拓殖銀行破綻，山一証券が自主廃業
1998	環境ホルモンが社会問題化，出版不況深刻化，産学共同研究過去最高，グローバリゼーション論盛んになる
	2・7 長野オリンピック開幕
	4・1 日本版金融ビッグバンがスタート
	8 ロシア金融危機
	10 金融再生法など成立
	日本長期信用銀行破綻
	12 日本債権信用銀行破綻
1999	少子高齢化進む，自殺者が3万人超える，大卒の無業者22.5％に
	1・19 富本銭が発掘，日本最古の通貨か
	3・24 コソボ紛争，NATO軍がユーゴスラビアを空爆
	8・17 トルコ西部で大規模な地震が発生，1万人以上が死亡
	9・21 台湾中部でマグニチュード7.7の大地震が発生，2000人以上が死亡
	9・30 東海村JOC事故発生（日本初の臨界事故）
	12・20 ポルトガル，マカオを中国に返還
2000	有珠山噴火（3月），三宅島噴火（7月）と日本で火山噴火が相次ぐ，IT革命流行，文庫創刊ラッシュ
	4・1 地方分権一括法施行，介護保険制度始まる
	6・13 朝鮮半島の分断後55年で初の南北首脳会談
	7・21 第26回主要先進国首脳会議（サミット）が九州・沖縄で開催
	8・14 ロシア原子力潜水艦事故発生，乗組員118人は全員死亡
	10・6 ユーゴ政権崩壊
2001	1・6 中央省庁再編
	1・20 ジョージ・ブッシュ米大統領に就任
	4・1 三井住友銀行誕生
	4・26「構造改革」をスローガンに小泉内閣発足
	9・11 アメリカで同時多発テロ事件発生，ニューヨークの世界貿易センタービルが崩壊し死者多数
	10・7 アメリカ軍によるアフガニスタン侵攻開始
2002	1・1 EU圏内でユーロ紙幣とユーロコイン統一
	4・1 学習指導要領の見直し，完全週休五日制のゆとり教育スタート
	8・5 住民基本台帳ネットワーク開始
	8・29 東京電力が原発の損傷隠蔽
	9・10 スイスが国連に加盟，27日には東ティモールも加盟し国連の加盟国は191ヵ国に
	9・17 小泉首相訪朝（日朝「平壌宣言」）
2003	3・19 米英によるイラク侵攻作戦開始
	6・6 有事法制が成立
	7・26 イラク特措法が成立
2004	イラク戦争泥沼化，各地で記録的猛暑
	1・19 自衛隊イラク派遣開始（本格的な海外派兵は戦後初）
	4・28 年金改革関連法案が与党賛成多数で可決
	5・1 ヨーロッパの中東欧10ヵ国がEUに加盟
	5・27 イラクで取材中の日本人ジャーナリスト2名殺害
	6・28 イラクを統治してきた連合国暫定当局（CPA），イラク暫定政権に主権を移譲
	8・13 アテネオリンピック開催，日本選手大活躍
	9・18 日本のプロ野球，初のストライキ

長島　誠一
（ながしま　せいいち）

東京経済大学教授
1941年，東京に生まれ，疎開先の福島で育つ。
1965年，一橋大学経済学部卒業，1970年，同大学院経済学研究科単位修得・満期退学。一橋大学助手，関東学院大学専任講師・助教授を経て，現職。
著書『現代資本主義の循環と恐慌』岩波書店，1981年
　　『景気循環論』青木書店，1994年
　　『経済学原論』青木書店，1996年
　　『戦後の日本資本主義』桜井書店，2001年
　　ほか

経済と社会

2004年10月15日　初　版
2015年9月1日　第2刷

著　者	長島　誠一
装幀者	林　佳恵
発行者	桜井　香
発行所	株式会社　桜井書店

東京都文京区本郷1丁目5-17　三洋ビル16
〒113-0033
電話　(03)5803-7353
Fax　(03)5803-7356
http://www.sakurai-shoten.com/

印刷所	株式会社　ミツワ
製本所	誠製本　株式会社

Ⓒ　2004　Seiichi Nagashima

定価はカバー等に表示してあります。
本書の無断複写（コピー）は著作権法上
での例外を除き，禁じられています。
落丁本・乱丁本はお取り替えします。

ISBN4-921190-27-5　Printed in Japan

長島誠一
戦後の日本資本主義
日本の経済と社会の戦後60年の歩みとこれから
A 5 判・定価3000円＋税

槌田　洋
分権型福祉社会と地方自治
自治体の再生に向けた改革課題と方向を提示
A 5 判・定価3200円＋税

二文字理明・伊藤正純編著
スウェーデンにみる個性重視社会
生活のセーフティネット
福祉社会の最新事情を7氏が多彩に報告
四六判・定価2500円＋税

エスピン-アンデルセン著／渡辺雅男・渡辺景子訳
福祉国家の可能性
改革の戦略と理論的基礎
新たな，そして深刻な社会的亀裂・不平等をどう回避するか
A 5 判・定価2500円＋税

大谷禎之介
図解 社会経済学
資本主義とはどのような社会システムか
現代社会の偽りの外観を次々と剥ぎ取っていく経済学入門
A 5 判・定価3000円＋税

宮田和保
意識と言語
「言語とはなにか」を唯物論的言語観の視点で追究する
四六判・定価3200円＋税

桜井書店
http://www.sakurai-shoten.com/